D1508888

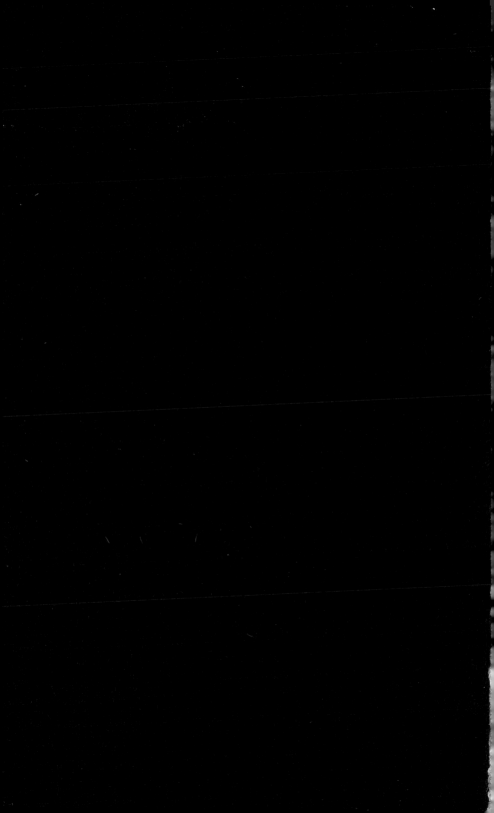

CARMEN MARTÍN GAITE

EL BALNEARIO

Prólogo de
Luis Alberto de Cuenca

Libros del Tiempo **Ediciones Siruela**

En cubierta: Carmen Martín Gaite, detalle
de una foto de © Pablo Sorozábal
Diseño gráfico: Gloria Gauger
© Herederos de Carmen Martín Gaite, 2010
© Del prólogo, Luis Alberto de Cuenca, 2010
© Ediciones Siruela, S. A., 2010
c/ Almagro 25, ppal. dcha.
28010 Madrid Tel.: + 34 91 355 57 20
Fax: + 34 91 355 22 01
siruela@siruela.com   www.siruela.com
ISBN: 978-84-9841-263-5
Depósito legal: M-40-2010
Impreso en Anzos
Printed and made in Spain

Papel 100% procedente de bosques bien gestionados

Índice

Prólogo
Fábulas desoladas

Entonces la firma Ediciones Siruela tenía su sede en la madrileña plaza de Manuel Becerra, en una especie de estrambótico palacete que había sido otrora hospital y al que se accedía por un largo pasillo que se iniciaba en el portal número 15 de la rotonda. El fundador de la editorial, Jacobo Fitz-James Stuart y Martínez de Irujo, conde de Siruela, decidió repartir los espacios del palacete entre la sede de la editorial y un modernísimo gimnasio, atiborrado de benéficas máquinas de tortura, que estuvo muy de moda en la década de los 80 del siglo pasado, cuando atronaban las calles de Madrid las tormentas gloriosas y pasajeras de la *movida*. Jacobo Stuart solía quedarse a almorzar en alguno de los restaurantes de la zona, entre los que destacaba Viridiana, hoy trasladado a la calle Juan de Mena, y el que suscribe almorzaba con él con frecuencia, pues éramos –y somos– buenos amigos y eran –y son– innumerables las aficiones literarias compartidas por ambos.

Estoy seguro de que no fue en Viridiana, sino en otro establecimiento menos exquisito, pero limpio y solvente, ubicado tal vez en la calle del Doctor Esquerdo y en la acera de los pares, cuando apareció en la puerta del local la figura irrepetible, exclusiva, señera de Carmen –de Carmiña–

9

Martín Gaite, quien se acercó a la mesa donde nos encontrábamos Jacobo y yo, saludó a su editor –era la época del éxito sin precedentes de su novela *Caperucita en Manhattan*, publicada en 1990 por Siruela–, dijo que había entrado allí para comer y se sentó con nosotros. Estaba, cómo no, tocada con su inevitable y mitológica boina, que contenía a duras penas el vendaval plateado de su pelo, y la protegía del mundo una sonrisa pícara, enormemente sugestiva e inteligente, que me cautivó de forma inmediata, lo mismo que su simpatía de *puella aeterna*, su sencillez, su ingenio, su bondad sin fisuras, su magnífica educación de señorita salmantina hija de notario. Téngase en cuenta que yo nunca la había visto al natural y que, curtido como estaba en la lectura de sus libros –había leído por aquel entonces *El balneario*, *Entre visillos*, *Retahílas*, sus dos *Usos amorosos* y sus *Cuentos completos*, además de la ya citada *Caperucita*–, me hizo muchísima ilusión que el azar dispusiera aquel almuerzo a tres tan imprevisto como delicioso, con Carmiña, que casi no comió, en el uso continuo de la palabra, para pasmo y delectación de sus dos *chevaliers servants*, que la mirábamos arrobados.

Nunca olvidaré aquel primer y único encuentro personal con Carmen Martín Gaite. Estuvo hecho de la misma tela con la que están tejidos los sueños. Esos sueños que forman, asimismo, la materia de *El balneario*, la prodigiosa *nouvelle*, rematada por Carmen en marzo de 1954, que obtuvo muy poco después el premio Café Gijón de novela corta y que ahora, acompañada por nueve relatos breves, vuelve a estar a disposición de todos en las librerías de España y América, merced a los buenos oficios de Siruela. Sueños que inscriben *El balneario* en una especie de no-tiempo kafkiano que, sin dejar de ser muestra inequívoca de la literatura de un momento histórico concreto –los primeros años 50 del siglo XX–, pertenece a todos aquellos lectores que ayer, hoy y mañana, se han sentido a sus anchas recorriendo los interminables corredores de la casa de baños en busca de Carlos, esperando que vuelva alguna vez del reino de las pesadillas donde habita y de donde no es fácil regresar al mundo real. *El balneario* es, pues, una historia onírica que bien podríamos situar dentro de las fronteras de lo insólito, ese país que el checo Franz Kafka descubrió, conquistó y colonizó como nadie lo hizo antes que él, inaugurando un futuro en el que todavía habitamos.

Junto a esa hermosa fábula de la desolación que es *El balneario* se alinean –lo he dicho– en esta edición hasta nueve relatos breves, de los que los tres primeros formaron parte de la edición príncipe (1955) de la *nouvelle* que da título al libro, y que responden a unos moldes de creación menos insólitos y más neorrealistas (si se me permite utilizar un adjetivo más cinematográfico que literario). El primero de ellos, «Los informes», se sitúa de lleno a la sombra de un costumbrismo naturalista, muy cerca de lo *larmoyant*, contándonos el drama de una chica de servir rechazada por ladrona (entonces no se llevaba lo de «supuesta») por la señora de una casa encopetada, a pesar del buen *feeling* que la chica tenía con Fernandito, el niño de la casa.

En «La oficina», tan siniestra por lo menos como la de Bartleby el escribiente o como la popularizada por *La Codorniz*, nos encontramos con perdedores como Matías Manzano y Mercedes García, maravillosamente dibujados por el pincel de Carmen, siempre dentro de la misma atmósfera asfixiante con que la escritora de Salamanca delinea las estrecheces de la clase media en sus relatos. «La chica de abajo» no es otra que Paca, la hija de la portera, íntima amiga de Cecilia, la señorita del segundo, que la busca para distraerse y luego no la considera; no olviden el pañuelo, porque este cuento hace llorar lo suyo a los lectores sensibles (y hasta a los insensibles, si me apuran). «Un día de libertad» lo escribió Carmen en el Puerto de Navacerrada (julio de 1953, poco antes de casarse con Rafael Sánchez Ferlosio), y cuenta en plan kafkiano, una vez más, el desgaste vital de una persona del montón, en este caso un individuo que decide romper con las ataduras laborales y luego se arrepiente de ese momento pleno, y efímero, de libertad.

11

En «La trastienda de los ojos» se hace hincapié en la importancia de la mirada. «Todo el misterio está en los ojos», defiende Martín Gaite en boca de Francisco, otra criatura perdida en la selva del mundo y en un marco de hiperprotección familiar. Huir, huir de la provincia profunda, de las oposiciones, de la tiranía materna. Y mirar a los ojos mostrando con descaro los ojos propios, venciendo el miedo atávico, el que te paraliza los miembros y te sepulta en la parálisis incurable de la costumbre. Ganarle la partida al miedo, aunque sólo sea una vez.

No resulta fácil encontrar, en la logia mayor de la literatura española contemporánea, una observadora de la cotidianidad tan aguda, profunda y lúcida como Carmiña Martín Gaite. Nadie como ella para reparar en ese detalle, aparentemente nimio, que revela una dependencia, subraya un ejercicio de poder, señala con el dedo un terror, un ataque de angustia o de soledad. La chica que protagoniza «Ya ni me acuerdo» es un ejemplo de todo eso: lo que para un ser humano constituye una jornada histórica, para otro puede significar un episodio borroso y sin interés. Siempre nos acordamos de la escena que el otro, o que la otra, no tomó en cuenta. Los recuerdos y los olvidos sólo pueden compartirse cuando no tienen importancia, cuando no hay emoción ni sentimientos que los justifiquen o rechacen, cuando las apuestas personales brillan por su ausencia y todo es un inmenso «qué más da». Martín Gaite procura evitar ese crudo relativismo en sus tiernísimos y desgarradores relatos.

«Variaciones sobre un mismo tema» es el último cuento presente en la segunda edición de *El balneario* (Alianza Editorial, 1968). Cuenta el choque de Andrea, una chica de pueblo, con la gran ciudad. Quedarse, irse: cualquiera de las dos opciones habría significado para ella un fracaso. Quizá porque el fracaso no es un azar en la existencia de los hombres, sino una asignatura obligatoria, una odiosa necesidad.

La edición de *El balneario* que se reproduce a continuación es la aparecida en mayo de 1977 en el volumen 515 de la colección Áncora y Delfín (Barcelona, Ediciones Destino). Incluía, por vez primera, dos últimos cuentos, respectivamente titulados «Tarde de tedio» y «Retirada» y escritos por Carmiña veinte años después que los anteriores. En el primero de ellos asistimos a una demostración palpable del vacío que envuelve a una mujer burguesa de cuarenta años que no sabe qué hacer con tanto aburrimiento como se agita –o, más bien, permanece inmóvil– en su interior. En «Retirada», el retrato de la misma mujer, en otra etapa de su tedio, se refleja en palabras que empiezan con la letra *d* como «desintegrar, derrota, desaliento, desorden, duda, destrucción, derrumbar, deterioro, dolor y desconcierto». Burla burlando, esas palabras, que aparecen en el relato a cuenta de una partida, jugada por la protagonista y sus hijas, al conocido juego «De La Habana ha venido un barco cargado de...», me parecen un resumen admirable de lo que viven y sienten los personajes de Carmen Martín Gaite en *El balneario* y en los nueve cuentos que lo acompañan. Esos personajes no son felices, desde luego, ni un solo instante, pero son lo suficientemente generosos como para hacer felices a sus lectores, que van a serlo deslizándose por sus vidas en las hermosas páginas del libro que está a punto de comenzar.

Luis Alberto de Cuenca
Madrid, 30 de agosto de 2009

EL BALNEARIO

«Cuando un hombre dormido e inerte en la cama sueña algo, ¿qué es lo que más existe, él como conciencia que sueña, o su sueño?»

Miguel de Unamuno, *Niebla*

El balneario

1

Hemos llegado esta tarde, después de varias horas de autobús. Nos ha avisado el cobrador. Nos ha dicho en voz alta y, desde luego, bien inteligible: «Cuando lleguemos al puente pararemos para que puedan bajar ustedes». Yo incliné la cabeza, fingiendo dormir. Carlos respondería lo que fuese oportuno; él se levantaría primero y bajaría las maletas, se iría preparando camino de la puerta, me abriría paso cuidadosamente a lo largo del pasillo, pendiente de sujetar el equipaje y de no molestar a los viajeros, se volvería a mirarme: «Cuidado, no tropieces. Me permite..., me permite...». Y yo sólo tendría que seguirle, como en un trineo.

Pasó un rato. Carlos, probablemente, estaba bostezando o tenía vuelta la cabeza a otro lado con indiferencia. En el temor que tenía de mirarle conocía que era así. Mejor no mirarle. Me esforcé por mantenerme en la misma postura, con la espalda bien pegada al asiento de cuero y la cabeza inclinada, enfocándome las yemas de los dedos, que sobaban, sobre mi regazo, una llavecita de maletín. Me esforcé por no ponerme nerviosa, por no gritar que nos íbamos a pasar de aquel puente, por no tirarle a Carlos de la manga tres o cuatro veces, aceleradamente, para que se fuera preparando. Resistía por testarudez; él tenía el deber de levantarse primero. Deslicé uno de mis pulgares hasta encontrarme el pulso en la muñeca opuesta. Batía –pumba, pumba– igual que un pez oprimido; y yo sabía que sólo con gritar, con ponerme en pie bruscamente, los latidos se hubieran desbandado, apaciguándose luego en ondas concéntricas. Era un enorme esfuerzo el que tenía que hacer, casi físico, como para empujar una puerta y resistir la fuerza que hacen del otro lado. Para alentarme a seguir en la misma postura me decía: «Ya pasará algo, ya me sacarán de aquí. Me da igual cualquier cosa. Estoy sorda, emparedada entre cuatro muros de cemento».

El cobrador se paró delante de nosotros. Vi su sombra cegándome los reflejos, que se deslizaban como gotas de mis pestañas inclinadas a la llave del maletín; vi muy cerca sus grandes zapatos de lona azul y el pantalón de dril rayado, que le hacía bolsas en las rodillas, y me sentí sobrecogida, como cuando hay que comparecer delante de un tribunal.

–Pero ¿no son ustedes dos los que iban al balneario? –dijo, recalcando mucho las palabras.

Y me pareció que hablaba demasiado alto. Le habrían oído los de los asientos de atrás; estarían adelantando la cabeza, intrigados para vernos la cara a nosotros y enterarse de lo que íbamos a contestar. No se podía esperar más tiempo. Levanté la cabeza y me parecía que salía a la superficie después de contener la respiración mucho rato debajo del agua. Se me había dormido una pierna y me dolían los codos. Antes de nada miré a Carlos, para orientarme, como cuando se despierta uno y mira el reloj.

Yacía en el asiento de al lado, en una postura tan inverosímil que no se sabía dónde tenía las manos y dónde los pies. Apoyaba un poquito la frente en la ventanilla y miraba fijamente a través del cristal con una insultante tranquilidad, como si no hubiera oído jamás nada a su alrededor. Me sentí muy indignada contra él y también contra mí misma, llena de rabia por haber resistido tan poco tiempo, y que ese poco me hubiera parecido una eternidad.

«Tengo que hablar con Carlos hoy mismo, luego –me dije, en medio de mi malestar–. Esto no puede seguir así. De hoy no pasa. Quiero poder hacer y decidir lo que me dé la gana sin tener que mirarle a la cara, sin esta dependencia y este miedo. Disponer de una cierta libertad.» Y sentía gran prisa y angustia por hablarle, aunque ya sabía que no iba a poder. Imaginaba una y otra vez largos discursos, y se me embarullaban al acordarme de que él me estaría mirando cuando los hilvanase, de que pronunciaría: «Dime», y se quedaría esperando mis palabras con desconcertante indiferencia, como si supiera de antemano que nada de lo que fuera a oír podía inmutarle ni sorprenderle. De todas maneras, en cuanto bajásemos del autobús le hablaría. O tal vez sería mejor esperar a llegar al hotel. Yo estaría apoyada contra el respaldo de una butaca: «Verás, Carlos, yo no aguanto más. Llevamos demasiado tiempo así...». Pero así..., ¿cómo? ¿Qué quiere decir así? Y luego, ¿es tanto tiempo realmente? A este hombre absorbente que me condiciona, que limita y atrofia mis palabras, que va a mi lado en el autobús, ¿hace tanto tiempo que lo conozco, que me lo encuentro al lado al volver la cabeza? Lo primero que no sé es el tiempo que va durando este viaje.

Pasábamos por una pradera con árboles regularmente colocados, que dejaban su sombra redonda clavada en el suelo, como un pozo. Le daba el sol; había un hombre tendido comiendo una manzana; había dos niños parados, cogidos de la mano; había un espantapájaros con la chaqueta llena de remiendos. La hierba se ondulaba y crecía, como una marea, persiguiendo el autobús. Detrás de él, detrás de él, detrás de él...

–Pero, vamos a ver, ¿van ustedes al balneario sí o no? –interpeló el cobrador fuera de sí.

Dios mío, sí, el balneario... Yo ya había vuelto a cerrar los ojos. No podía ser. Había que bajarse. Nos estaban mirando todos los viajeros. Tal vez habíamos pasado ya el

puente..., aquel puente. Sacudir a Carlos, las maletas...
Pero antes de cualquier otra cosa era necesario dar una explicación al hombre de las rodillas abolladas, que no se movía de allí. De su cartera de cuero sobada y entreabierta subí los ojos a su rostro por primera vez.

Tenía un gesto de pasmo en el rostro blando y lleno de repliegues, por el que le corrían gotas de sudor. Me acordé de que tendría mujer, y seguramente hijos, y pensé en ellos como si los conociera. Le llamarían de tú, le acariciarían las orejas, le esperarían para cenar. Tenían este padre grandote y fatigado, digno de todo amor, al que nosotros estábamos impacientando, despreciando con nuestro silencio. Me puse en pie. Decidí hablar y me parecía que me subía a una tribuna para que todos los viajeros pudieran oírme. Descubrí algunos gestos de profunda censura, otros ojos abiertos bobamente hacia mí, igual que ventanas vacías. Sentía como si un reflector muy potente iluminara mi rostro, quedándose en penumbra los demás.

«Dentro de diez minutos –pensaba– se borrará esta escena. Dentro de un puñado de años nos habremos muerto todos los que vamos en este autobús.» Y me consolaba aceleradamente con esta idea.

–Perdone usted, cobrador –pronuncié alto, claro y despacio, con cierto énfasis–. Acepte mis sinceras excusas. Mi marido, ¿sabe usted?, viene algo enfermo. Me costaba trabajo mantener tiesas las palabras; hablaba como nadando por un agua estancada. Pero, al fin, quedaba clara una cosa: Carlos era mi marido; una cosa, por lo menos, quedaba clara. Mi marido. Lo habían oído todos, yo la primera.

–¿Quién está enfermo? ¿Qué dices, mujer, por Dios? No empieces con historias –se enfadó Carlos, levantándose, por fin, y empujándome con rapidez hacia afuera del pasillo.

Luego se dirigió al cobrador, que no se había movido y nos seguía contemplando extrañadísimo, con su rostro llorón, de almeja cruda, fijo en los nuestros:

–Y usted, ¿se puede saber lo que hace ahí parado como una estatua? ¿Y qué clase de modales son los suyos? Porque yo, francamente, no puedo entenderlo. Sé muy bien que hay que llegar a un puente, que cuando se pare el autobús nos tendremos que bajar. Lo sé muy bien, voy pendiente, no es una cosa tan complicada. Me he levantado, como usted ve, sólo en el momento oportuno. No me explico su insistencia ni por qué nos mira así.

Mientras hablaba, cada vez más excitado, había salido bruscamente al pasillo y sacaba los bultos de la red.

–Vamos, sal –me decía, tirando de mí hacia afuera, sin darme tiempo a recoger los paquetes.

Pero yo no me quería marchar todavía, aunque el autobús iba ya muy despacio y estaba a punto de pararse. Me quería quedar atrás, a escondidillas, y hablar con el cobrador antes de perderle de vista para siempre. En sus labios se había marcado un gesto de rencor y amargura, y quizás estaba murmurando alguna cosa entre dientes. No se le podía dejar ir así; le habíamos echado de nosotros como quien aparta un trasto y su tristeza era justa. Tenía que pedirle perdón por el comportamiento de Carlos; hacerle ver que sólo se trataba de una irritación pasajera; darle la mano como a un amigo al que nunca se va a volver a ver; manifestarle nuestra gratitud. Pero no sabía por dónde empezar. No me iba a dar tiempo. Carlos ya estaba saliendo. Me había dicho: «Hala, hala», y de un momento a otro volvería la cabeza para llamarme. Vi con desesperación que el hombre daba la vuelta y echaba a caminar de espaldas, con paso lento y pesado, hacia la cabina del conductor. Entonces le llamé atropelladamente, en voz baja, para que Carlos no lo oyese:

–Chist, chist. Cobrador, señor cobrador...

Pero no pude ver si volvía la cara, porque se me interpuso una señora menudita, de pelo blanco y pendientes de perlas, que salía de su asiento en aquel instante. Traté de correrme un poco a la izquierda para verle y ser vista todavía.

–¿Baja usted o se queda, por favor? –me preguntó la señora, a quien yo cerraba el paso.

–Sí, ahora bajo; espere –contesté con azaro, apartando el maletín–. Pase usted, si quiere...

La señora, sin dejar de mirarme, se dispuso a pasar, y en el momento de tener su cuerpo casi abrazado contra el mío, porque el pasillo era muy estrecho, me dirigió una sonrisa. Olía muy bien a colonia fina.

–Gracias. Según parece, también ustedes van al balneario. ¿Quiere que la ayude?

–No, no; muchas gracias. Puedo bien sola.

–Yo no llevo equipaje. Me lo han traído mis sobrinos en el tren. A ellos nunca les pasa nada. Ya se sabe, la gente joven... ¿Es el primer año que vienen ustedes?

–Creo que sí, señora.

El coche se había parado. Carlos se volvió desde la puerta y me gritó de mal humor:

–Pero venga. ¿Qué haces ahí todavía? ¿Por qué dejas pasar a la gente delante de ti?

Por fin pude mirar al cobrador, y vi que había llegado a la cabina del chófer. Se había sentado junto a él y le contaba algo con excitación. Allí no me daba tiempo a ir. El coche estaría parado muy pocos minutos, los imprescindibles para que nosotros bajáramos. Dentro de la cabina, el rostro del cobrador se había vuelto rojo y se plagaba de muecas cambiantes. Seguramente hablaba de nosotros, porque volvió la cabeza una vez y me miró. En ese momento quise decirle algo todavía, cualquier cosa que pudiera entenderse por medio de una seña, y levanté la mano atolondradamente, con la esperanza de que aún me comprendiese. La mano se me quedó en el aire en un garabato inútil y torpe, y los ojos del cobrador resbalaron apenas por ella, distantes y enconados, y se volvieron bruscamente a otra parte. Sin duda había interpretado mi gesto como una amenaza, como algo hostil o despectivo. Sentí un gran desaliento.

Desde fuera estaban dando golpes en la ventanilla. Volví la cabeza y vi a Carlos en pie, junto al autobús, agitando los brazos y diciendo palabras que no se oían. También los viajeros me miraban y protestaban secretamente entre sí.

Me di prisa a bajar, toda cohibida, atenta a sujetar bien los bultos y a hacer el menor ruido posible, como quien se repliega sigilosamente en retirada, y, apenas salté a la carretera, el autobús reemprendió su marcha y se perdió.

Estábamos en un paisaje completamente aparte. El aire era muy transparente y todo estaba en silencio. Durante unos instantes permanecí quieta, absolutamente desligada de todo, como si acabase de nacer. Sentí el ruido del autobús, que se alejaba, y respiré una nube de polvo y gasolina. Todo se me había olvidado de golpe, y sólo me quedaban el malestar y el aturdimiento. De un modo vago sentía tener pendiente algún asunto, pero no podía localizar cuál era, ni siquiera decir si era solamente uno o eran varios. Me parecía tener corrida una gruesa cortina por detrás de los ojos, y me extrañaba que, a pesar de todo, siguieran entrándome imágenes nuevas aceleradamente. Trataba de oponerles una cierta resistencia por la preocupación que tenía de que no iba a poderles dar albergue, y, sin embargo, mientras pensaba confusamente en todas estas cosas no dejaba de mirar alrededor.

Estábamos en el puente. Aquél era el puente. Vi que Carlos se acercaba a una de las barandillas y, después de un momento, le seguí. Las barandillas eran de piedra y daban sobre un río sucio y hundido, opaco, sin reflejos, con un agua lisa y quieta de aceituna, prisionera entre altas márgenes de piedra musgosa. Carlos había dejado la maleta en el suelo y se apoyaba contra el puente. Yo me apoyé también. Estuvimos un rato mirando todo aquello sin decir nada. Luego me acordé, de pronto, de la señora del pelo blanco y vi que no estaba con nosotros ni se la veía por todo el puente.

–Carlos, ¿y la señora?

–¿Qué señora?

–La que bajó con nosotros.

–¡A mí qué me importa!

–Pero, hombre, ¿cómo te la has dejado ir así? Estaba hablando conmigo y preguntándome algunas cosas. Tenía ganas, me parece, de conocernos.

–Alguna oficiosa sería.

–Por Dios, yo la quería ver. ¿Cómo has dejado que se fuera? Teníamos que haber sido amables con esa señora.

Y la buscaba con la vista por todas partes empeñadamente.

Carlos, como si no me oyera, siguió mirando al río. No muy lejos del puente había una presa y, junto a ella, tres paredes de un viejo molino derruido, con sus ventanas desgarradas, sin mirar, como las cuencas de una calavera. Tres paredes de cantos mal pegados, sin techo, muertas de pie encima del agua, tapizadas de hierbas y flores que se mecían levemente en las junturas. Carlos apoyaba los codos en la barandilla del puente y la barbilla en las palmas de las manos. Estaba embebido mirando el molino. Dijo:

–Ese molino está incendiado en una guerra. Es muy viejo, sin duda. En una antigua guerra.

Me aburría de mirarlo y corrí la vista por las dos márgenes del río. En la de la izquierda se escalonaban unos montes verdes y tupidos que cerraban el cielo hasta muy arriba. En seguida se sentían deseos de subir hasta la raya curvada que formaba el último, porque nacía como un afán, una esperanza por ver si se descubría horizonte del otro lado. Eran de un verde intenso, monótono, adormecedor.

En la margen derecha se levantaban unos edificios blancos, apoyándose de espaldas contra otra ristra de montañas iguales a las de la orilla de enfrente. No se veían bien los edificios porque los tapaban unos árboles que había delante. Aquello debía ser el balneario. Bien ahogado entre montes; no había salida.

«Si nos pasara algo aquí, tan lejos...», se me ocurrió pensar. Y aquel silencio me sobrecogía, me invadía una especie de desconcierto y recelo. Los edificios estaban absolutamente solos entre las dos paredes de montaña; no había vestigios de pueblo por allí. Solamente descubrí, a nuestras espaldas, en la continuación de la carretera, una iglesia de piedra rodeada de un pequeño corral. No se oía un grito ni se veía a una persona. ¡Qué extraño me parecía todo el paisaje, como visto a través de humo! Tenía muchas ganas de llegar al hotel, de que ya se hubiera pasado un día, para convencerme de que era verdad que íbamos a vivir en este sitio. No sabía por qué habíamos venido y sentía curiosidad y desconfianza. De pronto tuve miedo de que Carlos se esfumase, como la señora del autobús, y me dejara sola. Me arrimé a él y le cogí del brazo. Sería terrible quedarse sola en este puente y que llegara la noche.

Carlos no se movió ni volvió la cabeza. Permanecía con los ojos fijos en el río, frente a este melancólico paisaje, y parecía tener la seguridad de quien ha llegado a donde se propuso.

–En una antigua guerra –repitió–. Éste es el molino, el viejo molino.

No apartaba los ojos, como hechizado, de aquellas tres paredes derruidas. En el silencio se oía el ruido que hacía el agua al salir a través de la puerta abovedada, amortiguado en leves espumas que manchaban apenas la verde superficie.

Me explicó que el molino se había incendiado muchos años atrás, de noche, en una noche lúgubre de muchas matanzas, y que las llamas eran las más altas que nunca se vieron. Que, desde entonces, muchas personas se embrujaban y venían a morir a este lugar. Me contaba estas cosas con vehemencia, con una inexplicable delectación. Abría mucho los dedos de las manos y los movía delante de mis ojos para hacerme comprender cómo se extendían en la noche las llamas rojas y fantasmales que devoraron el molino.

Cuando le pareció que ya me había dado cuenta, dijo:

–Vámonos; hay que llegar pronto.

Y se inclinó a tomar la maleta que había dejado en el suelo. Echamos a andar y yo estaba cada vez más intranquila.

Al balneario se entraba por un paseo de castaños de indias, bordeado de hortensias y boj, paralelo al río, que quedaba a la izquierda.

A la derecha empezaban las edificaciones que yo había entrevisto desde el puente. Eran altas y planas, pintadas de un blanco rabioso, y todas las ventanas estaban equidistantes, entreabiertas en la misma medida, con una cortinilla de lienzo en el interior a medio correr. Estas cortinillas no se movían un ápice, ni las contraventanas. Parecían ventanas pintadas o que no hubiera aire. Eran los edificios varios hoteles, cada uno con su título en el tejado.

A lo largo de la pared de los hoteles, y también a los lados del paseo, por donde íbamos andando, había distribuidos muchos sillones de mimbre con gente sentada. Los rostros de estas personas me parecían vistos mil veces y, sin embargo, uno por uno no los reconocía. Me parecían sacados de una fotografía familiar rígida y amarillenta, de esas de grupo, donde aparece una tía abuela con amigas suyas, y, un poco retirado en la esquina, un señor de bastón y sombrero que nadie llega a saber quién es, porque se han muerto las personas que podrían decirlo. Así, aquellos rostros, individualmente desconocidos, me entraban en conjunto, y los sentía en algún modo afines, formando parte de algo mío que quedaba atrás, de escenas que tenían que ver conmigo, íntimamente unido a una vida que ya no recordaba. Quizás alguien de mi familia había vivido en este sitio. Tal vez yo misma, en la infancia.

Carlos y yo íbamos cogidos de la mano no sé desde cuándo. Todos los ojos se levantaban para mirarnos pasar. Ojos juntos, escrutadores, inexorables, que se pegaban a nuestras ropas, que se lanzaban entre sí contraseñas de reproche y protesta, que nos seguían a la espalda, paseo adelante, en desazonadora procesión. Los sillones de mimbre en que se sentaban aquellas personas estaban igualmente repartidos –unos buscaban el sol, otros la sombra–, pero por algunas zonas se acercaban y formaban un grupo espeso en tira, en semicírculo o en corro alrededor de un velador. Sobre estos veladores había alguna tacita de café, y un señor o una señora revolvían lentísimamente el azúcar con una cucharilla, como si les diera una horrible pereza acabar aquella tarea y tener que pensar en otra hasta la hora de dormir.

Cuando nosotros pasamos, las cucharillas que revolvían azúcar se paralizaron completamente, y las manos se quedaban suspensas en el aire tocando apenas el mango con dos dedos, como manos de cera. Abundaban las señoras, todas muy gordas a primera vista, aunque luego, fijándose bien, no lo eran tanto. Iban vestidas de seda, de morado o de gris, y llevaban pulseras con muchos colgantes. Hacían labor de punto, y estos colgantes de oro tintineaban y se les enredaban en la lana. Los maridos estaban algo apartados, bostezaban casi todos o estaban dormidos encima del periódico. Había más señoras que maridos. El sol se filtraba a rayas y se posaba plácidamente sobre los macizos de hortensias, sobre las cabezas y las manos.

Yo le iba dando patadas a una piedrecita que traía desde el puente enredada en los pies. Me gustaba ir andando por aquella avenida, y, aunque caminaba emocionada y como en guardia, el calor de la mano de Carlos contribuía a que se diluyesen mis vagas preocupaciones. Mi mano es pequeña y muy plegable; se escondía debajo de la suya como dentro de un envoltorio. Carlos es guapo y atractivo, mucho más alto que yo; también mucho más guapo. Era un placer muy grande caminar a su lado por aquella avenida, desafiando a todos. Nadie iba a preguntarnos por qué veníamos cogidos de la mano. Nadie iba a pedirnos explicaciones. Seguramente Carlos podría detenerse y besarme en mitad de la avenida, con un beso terriblemente largo, y ninguno se mezclaría. «Será que le pertenece –pensarían–, será que tiene derechos sobre ella.» Y se quedarían inmóviles, como cuando sale una escena de amor en el cine, que no quiere uno casi ni respirar. Y mucho menos aquellas personas podrían suponer, a pesar de sus ojos tan abiertos, que yo fuera caminando turbada e insegura, con el miedo de que advirtiesen ellos en nosotros algo anormal.

Así llegamos al final de aquella fila de hoteles. El último de ellos hacía esquina en ángulo recto con otra fachada más baja que cerraba el paso de la avenida. Sobre esta fachada se veía un letrero donde decía: «Entrada al manantial», y a mí me atrajo mucho aquel letrero escrito en letras negras y muy gordas. Estaba colocado encima de un pequeño porche cubierto, al fondo del cual se vislumbraba la puerta que debía conducir al manantial. Estaba abierta, y a través de ella me pareció ver una blanca galería. A los lados de esta puerta había dos tiendecitas, y en sus escaparates se amontonaban cosas confusas que brillaban apagadamente. Todo esto, como estaba en el fondo del porche, no se veía muy bien y parecía un decorado. Yo me quise acercar para distinguirlo mejor, pero Carlos me retuvo y se paró:

–¿Dónde vas? ¿No ves que los hoteles terminan aquí?

–Pero yo quiero ver lo que venden en aquellas tiendas.

–Ya lo verás. Ahora tenemos que buscar albergue. Espérame aquí con el equipaje. Voy a mirar en este hotel. Me colgó en el hombro varios estuches, como de máquinas fotográficas, y una o dos gabardinas.

–Carlos... –le dije.

–¿Qué?

–Pregunta precios..., no podemos gastar mucho.

En el mismo momento de hacer esta advertencia me estaba arrepintiendo.

–Yo sé lo que podemos gastar. Yo sé lo que me hago.

Se metió en el hotel. Me quedé sola, de pie. Hacía una tarde rara, de nubes que se corren y se descorren, jugando. El sol me daba en los ojos y los cerré. También me bajaba por el cuello. Estuve un rato con los ojos cerrados, oyendo confusos zumbidos. Luego se nubló el sol y me entró por todo el cuerpo frío y desasosiego.

Simultáneamente, oí decir a mis espaldas:

–Deben ser extranjeros. Traerán costumbres nuevas. No sé por qué los tienen que admitir. Aquí siempre ha venido gente conocida.

¿Hablarían de nosotros? Volví la cabeza y vi detrás de mí a dos personas que me estaban mirando de un modo terriblemente fijo. Una de ellas era la señora del pelo blanco que me había hablado en el autobús. La reconocí con alegría y la fui a saludar; me parecía una gran suerte que Carlos no entorpeciese este encuentro con su presencia. Sin embargo, sólo durante una fracción de segundo coincidieron nuestros ojos, porque inmediatamente ella desvió los suyos a otra parte, como si no me conociera. Luego se acercó mucho a su compañera –iba con otra señora muy parecida a ella– y le dijo al oído algunas palabras. Mientras le hablaba, la otra me miraba con descaro y hacía gestos con la cabeza para arriba y para abajo, como condoliéndose de alguna cosa terrible.

Salió un hombre y me dijo:

–Señora, su marido la espera en el ascensor.

–¿A mí? ¿En el ascensor? Y con las maletas, ¿qué hago?

–Déjelas a mi cuidado. Yo se las subiré.

–¿Está usted seguro de que se trata de mi marido? Me gustaba mucho decir en voz alta «mi marido», y oír que los demás me lo decían. Tenía miedo de que no resonaran bastante las palabras y que no se oyesen alrededor, miedo de estarlas inventando yo misma.

–Sí, señora. Son ustedes los nuevos.

Los nuevos. Le seguí. Lo decía con sorna. Y también, cuando entré en el vestíbulo, me pareció que había sorna en los ojos del conserje, que estaba a la izquierda, detrás de un mostrador. Solamente me fijé en los ojos de aquel conserje y en el suelo del vestíbulo, que era de mármol blanco. La distancia hasta el ascensor se me hizo desmesuradamente larga. Estaba muy turbada.

El ascensor tardó mucho en subir. Íbamos Carlos y yo con un botones que se apoyaba contra las puertas, sin moverse absolutamente nada. Delante de aquel chico no me atrevía a hablar, pero tenía que contarle a Carlos lo de las señoras. Quería llegar pronto. Estaba muy nerviosa. Carlos jugueteaba con una llave grande que tenía enganchada por la cabeza una chapa redonda. y dorada donde se leía: «92». Primero cogía la chapa entre los dedos y balanceaba la llave para adelante y para atrás; luego cogía la llave por los pies, balanceaba la chapa y el 92 se agrandaba. Era un 92 alarmante, desmesurado. Por fin el ascensor se paró y el botones corrió las puertas y salió antes que nosotros, medio patinando sobre un suelo de madera muy encerado. Hacía, mientras nos sujetaba las puertas, una especie de reverencia burlesca.

–Sigan todo recto, tuerzan a la izquierda, tercera habitación –dijo con un tonillo pedante, de cicerone.

Apenas llegamos a la habitación 92, cogí la llave y cerré la puerta por dentro. Me apoyé allí mismo, sin avanzar. Carlos, que había entrado antes que yo y estaba inspeccionando el cuarto, se volvió y me miró con sorpresa. Tenía que contárselo todo de un tirón para que no me siguiera mirando. Noté que iba a salirme la voz entrecortada:

–Carlos, aquí nos conocen. Te lo aseguro. Sospechan de nosotros.

–¿Que sospechan? ¿Qué dices? Explícate.

–Nos mira toda la gente. La señora del autobús ha fingido no reconocerme y no me ha querido saludar. Dicen que somos extranjeros –expliqué todo seguido. Y luego me paré porque no me acordaba de más cosas. Carlos no respondió al principio. Estaba liando un pitillo. Luego levantó los ojos y me miró, como esperando a que siguiera.

–Bueno, ¿y qué?

–Nosotros no somos extranjeros, ¿verdad?, ¿verdad que no? La señora ha dicho que sí. Por favor, déjame ver los pasaportes.

Teníamos que tener pasaportes, esos cuadernitos verdes, pequeños y alargados que todo el mundo tiene. En ellos se han superpuesto muchas firmas y advertencias importantes, que nos marcan y acompañan siempre, como las notas del colegio, cuando niños. Aquellos papeles eran nuestra salvaguardia, seguramente allí se aclaraban muchas cosas; tendría que poner nuestro nombre y apellidos, diría si yo estaba casada o no con Carlos, y a lo mejor hablaba de nuestra conducta. Me pareció una maravillosa seguridad tener en la mano los dos cuadernitos verdes, tenerlos guardados, poder sacarlos de cuando en cuando y repasarlos, como un tesoro.

–¿Los pasaportes? Los he dejado en la conserjería.

–Dios mío. ¡Cómo has hecho eso! Debe poner algo malo de nosotros. Nunca los debíamos soltar.

Carlos se sonreía levemente, echando perezosas bocanadas de humo.

–Carlos, por favor, habrá que recuperar esos papeles, tenerlos nosotros.

Me angustiaba pensar que no entendía, o que a mí no me sonaba claramente la voz.

–Carlos –repetí–, te digo que aquí hemos caído mal, que nos va a costar trabajo tener amigos. ¿Te das cuenta de lo que te estoy diciendo?

–¿Amigos? ¿Quién pretende tenerlos? –se extrañó. Ahora llamaban a la puerta. Me acerqué, e iba a abrir despacito, para que no se dieran cuenta desde fuera de que teníamos echado el cerrojo, pero Carlos se me adelantó y lo descorrió con mucho ruido.

–¿Se puede? El equipaje.

–Adelante, pasen ustedes.

Entraron el maletero y el botones, y dispusieron las cosas por la habitación, haciéndonos muchas consultas. Carlos se volvió de espaldas y se puso a mirar por la ventana.

Los hombres trabajaban con enorme parsimonia. Me pareció que el equipaje era mucho más grande que el que nosotros traíamos en el autobús; había una infinidad de paquetes de todas las formas y tamaños. A lo mejor se habían confundido con otro equipaje, pero yo no dije nada, porque no estaba segura y, además, sólo quería que terminaran de una vez. Todo me lo preguntaban a mí: «Señora, que dónde ponemos esto... y esto... y esto...».

En realidad era indiferente que dejaran aquellas cosas en un sitio o en otro, pero, desde el momento en que me lo consultaban, yo me sentía obligada a escoger para cada una de ellas un lugar determinado, descartando todos los otros, que tal vez valdrían igual. Al mismo tiempo trataba de que esta selección fuera definitiva, es decir, que las cosas quedaran colocadas en los sitios que les iban a corresponder. Para esto tenía que acertar lo que venía en los paquetes, porque no lo sabía, y, aunque algunos bastaba con palparlos por fuera, otros tenía que abrirlos.

Al final me hartaba todo aquello y cada vez tenía mayor prisa por acabar. Lo que me irritaba más era la meticulosidad y consideración con que aquellos dos hombres obedecían mis órdenes, casi todas dadas al azar, y la reverencia con que esperaban a que las pronunciase, torciendo un poquito la cabeza a la izquierda y mirándome sin pestañear, mientras mantenían el objeto en la mano. Aquella actitud suya me obligaba a enredarme más y más en mis decisiones, y cada vez tardaba más tiempo en pronunciarlas, entorpecida por un fuerte sentimiento de responsabilidad.

—¿Este maletín?

—Encima de otra silla, ¿no les parece?

Ellos se miraban impersonales.

—Como la señora diga.

—Pues sí, en una silla.

—No hay más sillas, señora.

—Pues que la traigan de otra habitación.

Carlos se volvió y nos miró con asombro.

—Pero ¿todavía no han terminado ustedes? Vamos, vamos dejen todo ahí, encima de la cama. Así. ¿Hay más cosas?

—No, señor.

—Y este maletín también, encima de la cama.

—Ha dicho la señora que lo pongamos en una silla.

—Pero ¡qué más dará! ¡Qué ganas de complicar la vida!

Antes de que se fueran les preguntó Carlos:

—¿Por dónde se puede ir al molino viejo?

—¿A qué molino?

—Al que se ve desde el puente, con el techo derrumbado.

—Nadie va nunca, señor. Por las tardes, cuando viene el agua menguada y se seca la presa, se puede pasar hasta allí desde el jardín de atrás, por el fondo. Pero nadie va nunca.

—¿Hay un jardín?

—Sí, señor. En la parte de atrás del balneario. Un parque

con una terraza que da sobre el río. Es muy hermoso aquello. ¿Quiere que le digamos por dónde se va?

–No, gracias; ya acertaré yo solo.

Les dio una propina y se marcharon.

Carlos entró en el cuarto de baño, que estaba al lado de la habitación, y dejó la puerta abierta. Abrió los grifos. Dijo:

–Dame el jabón y un peine, por favor.

Abrí el maletín y busqué las cosas que me pedía. Se las di. Luego me quedé de pie en el quicio de la puerta. Vi que se lavaba las manos despacio, haciendo mucha espuma, y que después se peinaba escrupulosamente. En todo lo que hacía no había nada de anormal, nada que pudiera darme motivo de enfado. Aun en contra de mi voluntad, tenía que esperar a que él rompiera por algún lado, a que me diera pie para seguir hablando, para reanudar la excitación interrumpida. Terminó de peinarse y salió otra vez a la habitación.

–Hasta luego –dijo, mientras se dirigía a la salida. Le seguí excitadísima, sin comprender.

–Pero, Carlos, ¿adónde vas?

–A dar una vuelta. ¿Por qué me miras así? –repuso tranquilamente.

Yo estaba realmente acongojada, y lo malo era que no sabía cómo justificarlo. Se me ocurrió decir:

–Por favor, no te vayas ahora. No me dejes sola con todo este equipaje revuelto. Ayúdame.

–¡Qué enorme equipaje! –dijo, fijándose–. Para hacerlo, para deshacerlo, para traerlo a cuestas... ¿Por qué no tendrá uno un traje solamente y no lo llevará puesto hasta que se le rompa? Colgar, descolgar, planchar..., ¡qué serie de tareas tan complicada!

Se había detenido cerca de la puerta y miraba los bultos con fastidio. A mí todo aquello se me salía del tema y no sabía por dónde replicar. Hice un esfuerzo por acordarme de lo que le estaba diciendo antes de que vinieran los dos hombres, y, por fin, lo encontré: «Que no podremos tener

35

amigos, que han dicho que somos extranjeros»; y me quedé colgada de estas dos ideas, aunque no sabía cómo relacionarlas con lo anterior. Colgada, balanceándome, como una araña de su tenue hilo. Le tendería este hilo a Carlos, a ver si él me ayudaba a tejerlo; pero si me lo rompía, yo ya no sabía por dónde seguir.

–Aquí no podremos tener amigos. Han dicho que somos extranjeros –repetí, con tesón, con esperanza–. ¿Entiendes?

–Bueno, ¿y qué? ¿Qué más da? ¿Qué diferencia hay entre ser de un sitio y ser de otro? Te ruego que me expliques la diferencia que hay.

Se había cruzado de brazos, esperando mi respuesta.

–No sé, no te lo puedo decir –dije apagadamente, como trastornada–. Lo mismo da. Vete si quieres a dar tu paseo.

Carlos se dirigió a la puerta y la abrió. Dijo:

–Hasta luego, entonces.

Después cerró la puerta detrás de él.

Me quedé sola en mitad del cuarto y lo miré con detenimiento por primera vez. Tenía, a la derecha de la ventana, una cama, y a la izquierda, un armario de luna. También había un perchero, una mesita y dos sillas. El cuarto era bastante amplio, estaba todo muy limpio y olía ligeramente a desinfectante.

Me hubiera gustado que se oyesen ruidos en las habitaciones contiguas, pero no se oía nada absolutamente, todavía menos de lo que se oye en un silencio normal. Me parecía que alguien me estaba espiando. Me paseé en todas direcciones y me sosegaba, oyendo crujir, debajo de mis pies, el piso de madera. Luego me senté y me di cuenta de lo extraña que me sentía en aquella habitación.

Tal vez sacando algunas cosas de la maleta y deshaciendo los paquetes, viéndome rodeada de objetos y prendas usuales, me sentiría ligada a un mundo más familiar y la habitación misma se teñiría de sentido para mí. Por ejemplo, eché de menos, encima de la mesilla, un reloj despertador, y también algún portarretratos, o una de esas bandejitas que sirven para dejar los pendientes, los automáticos desprendidos y alguna aspirina. Estas cosas tenían que venir en un equipaje tan complicado. Abrí la maleta y me puse a buscarlas con ahínco. Tenía mucha prisa por verlas colocadas.

En aquella maleta todo eran ropas y ropas. Unas ropas antiguas y oscuras, como levitas o uniformes. Había entre medias algún traje de mujer con la falda tiesa y abundante, y también muchos lazos, sombreros y pecheras, mezclados unos con otros, arrugados y de tonos indecisos. Estas ropas me dejaban en los dedos un tacto áspero y polvoriento y nunca terminaban de salir, como si la maleta no tuviera fondo. Las iba dejando en el suelo, a mi espalda, tiradas de cualquier manera, con la urgente curiosidad de ver si encontraba otra cosa; pero sólo salían ropas y más ropas, y el cuarto estaba más revuelto cada vez. Las ropas se amontonaban detrás de mí como una muralla, y empezaron a llenar la habitación.

Hubo un momento en que se hizo necesario seleccionar aquello de alguna manera, separándolo en montones diferentes, para que no ocupara tanto sitio. Me quedé un rato de rodillas delante de la maleta abierta, contemplando perpleja aquella masa heterogénea de prendas. El polvillo que desprendían se había posado en el suelo y lo ensuciaba; también se esparcía por el aire y se respiraba un olor acre y desagradable, de desván. Me puse a pensar con mucho desaliento por dónde empezaría. Quizá lo mejor fuera seleccionar por colores, lo azul con lo azul, lo verde con lo verde. Pero en el armario no iba a caber todo.

Me levanté y me acerqué al armario para ver cómo era de grande. La mitad tenía con perchas y la otra mitad de estantes, forrados de periódico viejo y amarillento. Había en la parte de abajo un cajón que también estaba forrado de periódico y sobre él aparecía un gran imperdible solitario y oxidado, con la barriga abierta. Me dio mucha grima; parecía un bicho sucio, un insecto. Lo saqué, agarrándolo con los dedos, y lo tiré al suelo. También arranqué los periódicos. Lo forraría todo de nuevo, los estantes y el cajón; recortaría unos papeles blancos, limpísimos, nuevos. Esta labor me atraía y no se me hacía ingrata; era como una alegre evasión de lo demás.

Me arrodillé otra vez para buscar unas tijeras. La maleta seguía completamente llena, a pesar de todo lo que había sacado. Rebusqué un poco por la izquierda, debajo de las primeras capas de ropa, pero me seguía topando únicamente con cosas blandas. Al principio buscaba con cierto cuidado y delicadeza, como quien pretende sorprender la madriguera de un animal escondido; pero luego a barullo, sin miramiento alguno, revolviéndolo y arrugándolo todo, y mezclaba bufandas, cuellos, tiras, faldones, y lo de abajo se venía arriba. Me olvidé de lo que buscaba y de todo proyecto de orden, porque aquello me producía un inmenso placer. Empecé a sacar ropas vertiginosamente, y las echaba sin mirar por el aire, detrás de mi cabeza y caían en una lluvia copiosa a formar parte del montón extendido que se había ido dibujando a los pies de la cama.

Luego me levanté a mirarlo. Me senté en él, y hundía allí las manos con deleite, amasándolo como una espuma. Pasó bastante rato y me sosegué.

Sentada encima de la ropa con los brazos cruzados detrás de la nuca y la cabeza apoyada en la pared, había encontrado una postura cómoda. Casi me daba sueño. Carlos, ¿dónde habría ido? Seguramente a buscar el jardín para ver el molino de cerca, tal vez para explorarlo. Hacia el molino, el paisaje se oscurecía como si fuera de noche por allí. El molino se me volvía grande y misterioso, poblado por arañas, salamandras y espíritus. Me daba escalofrío pensar en aquella confusa historia de las matanzas. Tal vez Carlos corría peligro; no debía haberle dejado ir solo. Si yo no estaba con él para guardarle, para impedir que le pasara algo, ¿cómo se justificaba que viajase a su lado, que me angustiase por su culpa?

Me puse de pie y me asomé a la ventana. Se veía el paseo por donde habíamos venido, con los árboles grandes que me tapaban el río, y, del otro lado, los montes altos, verdes y cejijuntos. Desde la ventana, parecía que estaban en la orilla de acá, que se me venían encima y los iba a tocar con la mano, de tan estrecho como era el río. Sentía ganas de ver el mar o una llanura grande.

Miré para abajo. El paseo se había quedado desierto de sillones de mimbre y sólo algún señor se paseaba despacio, arrastrando rítmicamente los pies. Llegaba hasta el final de la avenida y daba otra vez la vuelta. A ratos se paraba solemnemente en un punto cualquiera y se quedaba inmóvil, igual que si estuviera rezando responsos. Luego arrancaba de nuevo y se notaba el esfuerzo, cada vez mayor, que le costaba despegar. Sonaban sus zapatos acompasadamente, con un leve chirrido.

Pegado a la fachada del hotel, debajo de mi ventana, debía haber algún grupo de personas, porque se oía subir un secreto bisbiseo. Saqué el busto fuera del alféizar y miré. Me quedé muy asombrada de ver la gran cantidad de señoras que se apretaban contra la pared, distribuidas en pequeños grupos; era como una fila de hormigas. Manoteaban mucho y hablaban unas con otras, cuchicheando bajísimo, como si conspiraran. A veces salía una señora nueva de debajo del porche que conducía al manantial y era llamada con una seña. Acudía presurosa a reunirse con las demás, y de esta manera se iba engrosando la concentración. Sin duda estas señoras eran las mismas que estaban sentadas tranquilamente haciendo sus labores cuando nosotros llegamos. Solamente un acontecimiento recién ocurrido podía reunirlas así a deliberar. Instantáneamente, sin que pudiera saber por qué me invadía esta plena certidumbre, identifiqué tal acontecimiento con el de nuestra llegada.

En el mismo momento de comprenderlo me retiré instintivamente hacia atrás, presa de viva agitación. Ahora, a hurtadillas, al filo de la ventana, contemplaba aquella masa con el corazón turbado y el rostro medio oculto detrás de la cortina, como quien acecha los manejos de un enemigo poderoso y calcula mentalmente los medios de que se vale para combatirlo. Comprendí que era necesario tener mucha serenidad. Mi ventana estaba muy alta y ellas no podían verme, pero, de todas maneras, me pareció lo más oportuno meterme para adentro y reflexionar a solas acerca de mi situación.

Cerré la ventana y dejó de oírse el más leve rumor. Otra vez aquel silencio de muerte. Carlos había huido dejándome sola. Tal vez ya no pensaba volver nunca. Él seguramente sabía por qué nuestra llegada al balneario había despertado tanta excitación, creándonos un ambiente enemigo; él –ahora me parecía comprenderlo con claridad– sabía muchas cosas que no quería explicarme. Sin duda le perseguían por haber cometido algún delito que yo ignoraba, y su rostro sería conocido por todo el mundo. Robo..., crimen, tal vez. Seguramente venía a este apartado lugar para morir en él.

Pero yo no le dejaría solo. Pasara lo que pasara, estaríamos los dos juntos. Huiríamos de lo que fuera; siempre se puede huir. Me temblaban las manos al acordarme otra vez del molino. Era un disparate que se hubiese ido de la habitación, que no se hubiese confiado a mí. Tenía que encontrarle, teníamos que irnos de este hotel. Pero, sobre todo, encontrarle, lo primero. Poderle decir todavía: «Estoy contigo. He adivinado lo que te pasa y, contra todos, te ayudaré. Vamos a pasar todos los peligros los dos juntos». Llegar a tiempo a decirle esto sería una dulzura tan grande, que después ya podría ocurrir cualquier otra cosa. Podríamos morir.

No podía esperar a que volviese. Tenía que salir a buscarle ahora. Era preciso abandonar la habitación –que representaba, por otra parte, el único lugar seguro de que disponía, la única fortaleza donde atrincherarme, donde pisaba un terreno del que era dueña en cierto modo–, y aventurarme a ciegas a través de escaleras y corredores largos, desconocidos, llenos de recovecos, expuesta, como estaba, a encontrarme con personas que me mirarían con manifiesta hostilidad. Tenía que armarme de valor y cautela. Procuraría llevar los ojos bien abiertos.

Me dirigí a la puerta decididamente. Antes de abrirla me volví y eché una última mirada sobre los equipajes a medio deshacer, sobre la cama hundida por el peso de tantos paquetes, sobre el suelo y las sillas agobiados por aquel confuso revoltijo de las ropas, y el armario, con las dos hojas abiertas. Aquel desorden del cuarto contribuía a mantener mi tensión y mi inquietud, el terrible agobio de mi conciencia. El orden pendiente me incitaba a actuar, a tratar de poner remedio a todas las otras cosas que también estaban pendientes, que me remordían como si tuviera en ellas una gran parte de culpa.

Luego salí y cerré la puerta con llave.

Apenas puse el pie en el pasillo tuve la impresión de que alguien me miraba desde alguna parte. Me volví, al azar, vivamente, y vi que una persona se metía, a toda prisa, en la habitación de al lado de la nuestra. Sólo pude distinguir un gran bulto de color malva. No llegó a cerrar la puerta del todo, sino que dejó una rendija, y me figuré que por allí pensaría acechar mi paso. Tal vez había estado mirando por el ojo de la cerradura lo que yo había hecho en la habitación, y ahora se pondría a espiarme, siguiéndome a cierta distancia. Por la espalda me había parecido una señora corpulenta, vestida con un salto de cama; pero no lo podía asegurar.

Vacilé un momento, y después eché a andar en la dirección opuesta, velozmente, casi de puntillas. El camino que abandonaba era el que, en un principio, había escogido, porque me parecía recordar que por allí se salía a la escalera; pero, después de todo, no estaba muy segura, y, además, tanto por un lado como por otro a alguna parte llegaría. Lo importante era ir sorteando obstáculos.

No tenía una idea clara acerca de mi itinerario. Vagamente había intuido que tendría que ir a dar a la galería del manantial, y que ésta, por el fondo, tendría una salida al parque del cual habían hablado, donde estaba segura de encontrar ahora a Carlos. Pensaba que a la galería del manantial se podría salir desde el interior del hotel por alguno de estos pasillos. Eran pasillos largos que nunca se cerraban, doblados a izquierda y derecha, en pedazos superpuestos, que parecían el mismo. Iba andando por ellos de un modo maquinal. Tenían por el medio una alfombra antigua y aplastada de tonos desvaídos, con un dibujo mareante de espirales. Yo iba repitiendo para mí: «Galería del manantial. Manantial», como cuando a uno le han dado un recado y tiene miedo de olvidarlo; y me parecía la única orientación segura.

Tal vez llevaba yo mucho tiempo andando, cuando oí cerca el ruido del ascensor. Se ensanchaba el pasillo, haciéndose más luminoso, y a la izquierda estaba, por fin, la escalera. Lugar conocido: me renació una cierta esperanza. Vi que por el hueco se deslizaban temblando dos cuerdas del ascensor que acababa de desaparecer camino arriba. Me agarré al pasamanos y bajé de prisa, furtivamente, mirando por el hueco con precaución.

En el trecho que unía el segundo piso con el primero aminoré la marcha. Me asomé un poco más y lograba distinguir los pies de unas personas que estaban abajo en el vestíbulo esperando el ascensor. Venía un murmullo de conversaciones. Allí no me atreví a bajar. Afuera, a los lados de la puerta, seguirían congregadas la señoras. No tenía el coraje suficiente para llegar a abrirme paso entre ellas, con todo aplomo, y torcer a la derecha hacia el porche cubierto donde ponía: «Entrada al manantial». Esto se me antojaba una proeza. La entrada al manantial tenía que buscarla por otro lado.

Había llegado al primer piso. Sólo me faltaba un peldaño y me detuve allí. Contra una de las primeras puertas del pasillo, a pocos pasos de mí, estaba apoyada una mujer de buen tamaño, vestida de azul y tocada con una cofia muy tiesa. Tenía cogida con la mano izquierda una gran escoba y se miraba las uñas de la otra mano con actitud meditativa. A ella me dirigiría.

–Por favor, me hace el favor –la llamé sin acercarme, sin bajar todavía el último escalón.

La camarera levantó los ojos y se me quedó mirando en la misma postura que estaba; entornaba un poco los ojos, como si hiciera un gran esfuerzo por reconocerme. Yo estaba a contraluz. Vi que no se movía y le hice un gesto con la mano. Temía que no me hubiese entendido.

–¿Quiere venir un momento, por favor? –repetí.

La mujer se desprendió de la pared, con lo cual ya parecía que se había acercado un poco, y dijo con voz perezosa:

–Usted, ¿de qué piso es?

Me turbé. Tenía miedo a los interrogatorios.

–¿Yo? Pues no sé decirle, de uno de los de arriba.

La mujer me miró absolutamente perpleja, y salvó en pocos pasos la distancia que nos separaba.

–Pero, diga, ¿no vive en este hotel?

–Sí, aquí vivo.

–Está bien, y ¿en qué piso?

Debía haberme fijado más en todas las cosas antes de salir del cuarto y debía haber contado con que todo sería riguroso.

–Ya he dicho que no sé, que no recuerdo.

–Pero, bueno, usted sabrá el número del cuarto que ocupa. Tendrá una llave. Nunca he visto a nadie que no tenga su llave...

¡Ah, sí, la llave! La busqué en el bolso y salió enganchada con otras cosas, una caja de cerillas, una pulsera rota, una cuerda de envolver. La desenganché a pequeños tironcitos.

–Sí, sí, aquí está, tengo la llave –dije alargándosela.

La mujer la miró, sin cogerla. A continuación me miró a mí.

–El noventa y dos. Pues su camarera es Juani, la del tercero.

Hizo una pausa, y yo esperé sin decir nada, porque me

parecía que era ella quien tenía que seguir hablando. Nos mirábamos fijamente.

–Su camarera es Juani –volvió a decir–. ¿Es que no estaba en el piso cuando usted ha bajado?

–No sé, no la conozco, no he visto a nadie.

–¿La ha llamado usted al timbre?

–No, no se me ha ocurrido.

Cada vez me resultaba más inútil y embarazosa aquella situación. En aquel momento se detenía el ascensor a nuestro lado. Me entró una horrible prisa por marcharme. Bajé el peldaño que me quedaba y me puse de espaldas al hueco de la escalera. Rápidamente, resumí:

–Yo sólo quería preguntar si se puede ir al parque por algún pasadizo interior, sin tener que bajar al vestíbulo y salir afuera.

Del ascensor no había salido nadie más que el botones. Noté que la mujer le estaba mirando; se había parado a mis espaldas, como si esperara. Me volví. Parecía que quería darme un recado.

–¿Me buscabas a mí? –pregunté intranquila.

–Sí, señora. He estado arriba, en el cuarto, llamando. Ahora la he conocido al bajar y me he parado por eso.

Hablaba señalando al ascensor, cuyas puertas había dejado abiertas, como para hacer ver que tenía prisa.

–Si usted me permite, yo me tengo que ir –dijo, a su vez, la camarera–. Le voy a decir por dónde puede salir al parque.

Se colocó mirando hacia la derecha ceremoniosamente, como un guardia de tráfico, y, mientras con una mano se doblaba en ángulo el pico del delantal y sujetaba la escoba, extendía la otra señalando el camino:

–Tira usted por este pasillo todo seguido; luego tuerce a la derecha, hay tres escalones, luego a la izquierda, y luego a la derecha otra vez. ¿Sabe usted el comedor?...

¿Qué me querría el botones? No podía retener nada del complicado itinerario que me estaba proponiendo aquella mujer; sólo deseaba que acabase de una vez. La veía hacer gestos con la mano, como si marcara líneas en un papel blanco; veía sus ojos redondos que se quedaban a ratos mirando el techo, como buscando allí la palabra adecuada; oía el fatigoso mosconeo de su explicación.

–...o mejor, verá usted, mejor ir por la izquierda; se sale más derecho. Llega usted a un sitio donde están las cocinas. ¿Entiende usted?

–Sí, sí...

Imaginaba con gran desaliento que una serie de dificultades me esperaba si quería llevar a cabo tan prolija expedición. Apenas la había comenzado y ya me daban tentaciones de abandonarla, de volverme al cuarto a dormir.

Por fin, la camarera terminó su monserga y se despidió. Yo, a pesar de no haberme enterado de casi nada, la había seguido insistentemente con los ojos durante todo el tiempo; había movido de vez en cuando la cabeza con signos afirmativos, y había mirado atentamente hacia los lugares hipotéticos que su dedos me señalaban para animarla a ser breve. Le di las gracias y la vi alejarse con enorme alivio. Me volví al botones, impaciente:

–Dime, ¿qué querías?

El muchacho cogió carrerilla y dijo todo seguido, como si estuviera cantando una canción:

–Que de parte de su marido que a lo mejor tarda bastante, pero que usted no se preocupe. No he traído el recado en seguida porque me llamaron del sexto –hizo una pausa, como recordando–: Sí..., que usted no se preocupe aunque pase lo peor. Me parece que no se me ha olvidado nada. Me voy para abajo, si usted no manda otra cosa.

–Espera. ¿Cuándo te dijo eso mi marido?

–Antes, ya hace buen rato. Iba a escribir una cosa para usted en un papel, pero luego dijo que mejor no.

–¿Adónde iba él?

–No sé decirle. Me lo encontré fuera, en el vestíbulo. Él salía y yo entraba. No vi por qué lado se fue.

Yo estaba anonadada. Aquel mensaje terminaba de dar razón a mis confusos presentimientos.

45

–Está bien; muchas gracias.

–¿Me puedo ir?

–Sí, sí.

Oí el ruido del ascensor que se cerraba y que empezaba a deslizarse hacia abajo. Luego, casi en seguida, el golpe seco al llegar al vestíbulo.

Había vuelto a quedarme sola. Pero ¿quién pensaba ya en irse a dormir? Tenía que ponerme rápidamente en camino, sin volverme a detener más que cuando fuera indispensable. Una vacilación, una insignificante pérdida de tiempo podría ser fatal. Me dejaría andar pasillo tras pasillo, hasta acertar con el parque. Acertaría. No tenía más remedio que encontrar a Carlos. Ya no me acordaba de otra cosa más que de que tenía que llegar al parque, ir allí lo más pronto posible. Todas las preocupaciones se me habían concentrado en ésa, y ninguna duda me dispensaba la atención. Por lo menos, ahora sabía que al parque podía salir por aquí, precisamente siguiendo este pasillo. Éste enlazaría con otros. Este pasillo me llevaría.

Me puse, pues, en camino.

Lo que más desazonaba de aquellos pasillos era la calma que reinaba allí. A derecha e izquierda todas las puertas estaban cerradas, con su número encima. Ni siquiera me resonaban los pasos, porque siempre pisaba por encima de alfombra. Dejando atrás el encuentro con la camarera y el botones, me hundía, corredores adelante, en un desamparo absoluto. Hacía un esfuerzo por detallar, por diferenciar los lugares que iba atravesando, y tan sólo lograba tragármelos amontonados, iguales, como a través de una bocaza sin iluminar. Dejé de hacer aquel esfuerzo. Sabía que iba andando, sombra adentro, por largos y silenciosos corredores, que mis pasos se perdían sobre una raya de alfombra. Tenía la conciencia de que alguien, en cualquier momento, me iba a pedir cuentas de lo recorrido, o que yo misma necesitaría retroceder o rectificar mi ruta, y que me iba a encontrar con la memoria vacía, sin poder responder de nada de lo andado. Quería fijarme en aquellos pasillos y no podía; estaban completamente vacíos de aliciente para excitar la atención de mis ojos.

Seguía andando; había seguido andando en lugar de irme a dormir. Pero estaba incapacitada para escoger el camino que me habría de llevar hasta el final. Yo no guiaba mis pasos, yo no me hubiera sentido culpable si se descaminaban. A pesar de lo importante que se había vuelto mi andanza; a pesar de no tener ninguna información precisa, estaba persuadida de que mis pasos los determinaba una voluntad superior; de que yo no andaba, sino que alguien andaba por mí, de que todo estaba marcado ya fatalmente, tal como se había de desarrollar. Por eso no me sentía responsable de los errores que pudiera ir cometiendo.

Me resbalaban los pasillos como sonido de salmodia, como una oscura monserga. Tal vez cada uno de ellos lo recorrería dos o quince veces. ¡Quién lo puede decir! Más que atravesar espacio, atravesaba silencio y sonidos. Y la sombra, la indeterminación, se identificaban con las zonas de silencio.

Sé que, de cuando en cuando, por detrás de las puertas cerradas que yo suponía sin verlas, a ambos lados de mis sienes, sonaba algún confuso rumor, como de alguien que, allí cerca, se deslizase o se revolviese, como de pequeños ronquidos o carraspeos, como de un envoltorio que se cae, o el chasquido de una madera dilatada por el calor. En estos momentos me parecía que alguna persona me miraba o me seguía a hurtadillas, o que me iba a cortar el paso; y se me encendía la tiniebla en un susto, el corazón se echaba violentamente a latir.

Coincidiendo con estos sobresaltos, me parecía que irrumpían en mi viaje pequeños redondeles iluminados, como hitos para marcar el tiempo, para hacerme patente que seguía andando en realidad, que no habíamos llegado todavía.

Eran, pues, éstas las únicas incidencias que jalonaban mi monótono caminar; las únicas que le hacían dar testi-

47

monio de sí mismo. Andaba como a tientas, como sin vida, agachada debajo de negros pasadizos; desde el último rumor hasta el siguiente, en que el redondel de luz se encendía y me volvía a latir el corazón. Tan bruscamente me latía cuando era grande el sobresalto, que perdía turno y se quedaba atrás como enganchado, como si hubiera dado un tropezón. Y me parecía que, durante un trecho, seguía andando yo sola sin el corazón, y que él, por sí mismo, tenía que correr a alcanzar de nuevo su puesto, como si tomara el tren en marcha.

Era como viajar por el vientre de una ballena. Algunas veces, de mucho más lejos, como de por fuera de las paredes que me rodeaban, llegaba el sonido de una voz que tal vez llamaba a alguien, o el pitido de un tren o de una camioneta. Desconcertaban estos ruidos; se escapaban, quebrándose; se me clavaba el doloroso deseo de escucharlos al aire abierto, en toda su lentitud. Entonces me acordaba de que andaba perdida en el interior de aquellos edificios blancos que había visto al llegar; de que por fuera de este pasillo estaba la gente parada a la puerta, y el puente sobre el río, y las montañas, y tal vez todavía un poco de sol. Me estaba haciendo la ilusión de ir a alguna parte, de moverme, y tan sólo estaba comprendida en la órbita del gran edificio, tragada, buceando dentro de él, sin que mis pasos tuvieran mayor importancia de la que puede tener la trayectoria de un grano de maíz en el estómago de una gallina. Reconstruía la imagen del paisaje que había visto por fuera, y lo identificaba como la envoltura de estas paredes que me aprisionaban. Y, a su vez, todo el edificio también estaba ahogado y prisionero, medio emparedado entre dos altas murallas de montaña, espesas, dominadoras como un entrecejo, que apenas le dejaban entre medias la rayita del río para respirar. Era muy poco sitio, estaban demasiado cerca aquellas montañas, demasiado encima, allí afuera, sobre mi propia cabeza. Se iban a venir abajo; iban a derrumbarse sobre los tejados, a cegar las ventanas, a aplastarlo todo. Tal vez ahora mismo, mientras yo lo pensaba, mientras me movía vagamente por aquellos pasillos, por aquellos oscuros intestinos, haciendo mueca de ir a alguna parte; ahora mismo se podían desplomar. Estaba totalmente indefensa. En pocos segundos se consumaría el cataclismo y yo quedaría irremisiblemente sepultada en lo más hondo, sin apercibirme, sin poderme siquiera debatir. Antes de haber llegado a encontrar a Carlos; antes de haber salido, por lo menos, nuevamente a la luz.

Sudaba imaginando estas cosas y sentía deseos de gritar, de volver la cabeza a alguna parte, pero no lo podía hacer. Seguía andando en línea recta con los hombros rígidos, y siempre tenía abierto pasillo y más pasillo por delante.

Oí cerca unos ruidos, como arrastrar de ruedas diminutas, y unas voces que hablaban en secreto:

–Aquí, en este recodo, era donde yo te decía. Mira qué bien, qué hueco en la pared para los tarros. En seguida hacemos el experimento. No pasa nadie, nadie nos puede ver. Éstos eran los estantes del laboratorio. Todo está perfecto.

–...ponlo todo aquí. Tú vete por las ramitas y las cerillas. ¡Qué sitio tan estupendo! Nos podemos venir todas las tardes y no lo decimos...

Eran voces de niños. Me detuve; hice un esfuerzo por localizarlos.

–Alguien viene –dijeron con susto.

Y se callaron un momento. Me imaginé que contenían la respiración, que levantaban las narices y que toda la sangre se les subía a latir en la cabeza.

–Alguien viene –volvieron a decir, más de prisa, con mayor alarma y seguridad.

Sonó un cacharrito que se caía al suelo.

–Ésta es tonta. Vámonos en seguida. No recojáis nada. Luego volveremos a venir.

Delante de mí había una puerta de muelles de dos hojas. La empujé, y del primer tramo de pasillo que apareció al otro lado levantaron corriendo cuatro niños. Salieron de la izquierda, de una especie de entrante redondeado que

49

hacía allí el corredor, debajo de una pequeña ventana aislada. En este entrante, como en una habitación, habían dejado un carrito y montones de minúsculos utensilios. Lo abandonaron todo y corrieron hacia el fondo del pasillo. Corrían en la punta de los pies, como liebres, empujándose, tratando de taparse unos a otros con sus cuerpos, y el que quedaba el último se entrelazaba con los bultos de los demás o se cogía a sus ropas por el temor de quedar al descubierto.

El pasillo era ancho y se iba torciendo un poco hacia la derecha, como la curva de un río. Al final lo cerraba una pared con su ventana de visillos, y antes de llegar allí, también en la derecha, había un arco que daba a una escalera. Los niños habían seguido una trayectoria que se dirigía a aquel punto, y, una vez alcanzado, se precipitaron por el hueco abajo. Se mezclaban sus risas, desatadas al llegar a lo seguro, con el tropel de zapatos que frotaban los escalones.

Cuando desaparecieron me di cuenta de que ellos, al recorrerlo, me habían iluminado aquel pedazo de camino que tenía delante de los ojos; de que, al fin, era como si alguien me hubiera roturado el camino. Abarcaba ahora perfectamente la perspectiva de este trozo de pasillo que me habían abierto los niños al huir; veía lo que estaba en primer término y lo que más allá; calculaba los pasos que me separaban de la escalera. La llamaba así, familiarmente, «la escalera»; la aceptaba, me la apropiaba de un solo golpe de vista. Era terreno que no necesitaba detallar minuciosamente para hacerlo mío, para estar segura de que podría reconocerlo en cualquier otra ocasión, aun sin tener peculiaridades muy marcadas. Y el pensar en atravesarlo no me parecía una tarea agobiante.

Ya había salido del túnel; podía respirar.

Aquella escalera bajaba a la galería del manantial. De sobra lo sabía yo. Ahora, desde que se habían disipado la confusión y la niebla, mi intuición empezaba a contar. Me parecía lógico que, al llegar a la galería del manantial, yo recobrase mi clarividencia y mi autonomía, que solamente entonces las recobrase; y se me justificaban la ceguera y el ahogo recién padecidos; se me hacían necesarios, porque sólo ellos con su desaparición habían podido darme la señal de que estaba llegando a lugares intuidos, con los que había contado desde el principio y donde yo sola, sin la ayuda de nadie, me podría orientar y desenvolver.

Bajé la escalera y, al final de ella, me apoyé un instante en la bola que cerraba el pasamanos.

Por la galería del manantial circulaban gentes apresuradas. Se cruzaban entre sí, con breves saludos, como si se movieran por las calles de una gran ciudad, y parecían acudir a resolver importantes asuntos. Demostraban cierta indiferencia unos por otros, como si se conocieran demasiado o tuvieran ocupada la atención en otras cosas. Apoyada en la bola del pasamanos los contemplaba ir y venir, a una cierta distancia todavía, y pensé, admirada: «¡Qué bien lo hacen!», como si los viese representar para mí una función de teatro. El aplomo y la seguridad de aquellas gentes despertaba mi envidia. Incluso los que iban más despacio estaban como absortos en algún negocio de peso y se paraban, conscientes y silenciosos, con la mirada en punto muerto, entre las filas de blancas escupideras. Todo era allí muy blanco y muy solemne. Poco a poco me fui acercando más.

Al manantial se entraba por la derecha, bajando otros peldaños de mármol. Aquella escalera estaba alumbrada con luz eléctrica y subía un olor de aguas sulfurosas, y también un vaho caliente y húmedo que enrarecía el aire de la galería, haciéndolo pesado como el de un invernadero. Este vaho se extendía igual que niebla y desdibujaba las figuras, volviéndolas misteriosas y distantes. La escalera era muy ancha y tenía dos figuras grandes de bronce representando mujeres desnudas que sostenían candelabros. Muchas personas subían y bajaban por allí y, al hacerlo, se acentuaba su aire grave e importante. Algunos llevaban batines de toalla; a franjas moradas y grisáceas, y en la cabeza un extraño turbante.

Pronto comprendí que aquellas personas no repararían en mi ni me molestarían y me mezclé con ellas, tratando de llegar al fondo, por donde supuse que se saldría al parque, y donde, efectivamente, vislumbré una puertecita.

Sin embargo, la tarea de abrirse camino entre tantas personas que hormigueaban en direcciones opuestas y con grados de prisa diferentes no era del todo fácil, y a mí no me importaba tardar un poco en marcharme de allí. Cuanto más cerca estaba de aquellas personas, más deseos sentía de quedarme con ellas para siempre. Yo misma alargaba la ruta y la complicaba a propósito, dando pequeños rodeos y haciendo eses por entre los grupos estacionados y los que estaban en movimiento. Una vez me di cuenta de que había dado la vuelta y andaba en dirección opuesta a la que debía llevar. Me gustaba mucho estar entre aquellas personas y me hacía la ilusión de pertenecer al mundo que componían y participar de sus preocupaciones. Algunos me rozaban al pasar; me decían, incluso: «Usted perdone». Era muy grande la tentación de quedarme con ellos, y parecía todo tan sencillo... Quizá tan sólo consistía en girar y girar, en dejarse ir sobre las baldosas y por las escaleras alumbradas, abajo y arriba, hacia la derecha y la izquierda, y por las baldosas otra vez, con los mismos pasos que ellos daban, sin perder el compás, el ritmo de todos. Tal vez, cuando se acabasen las vueltas, habría pasado mucho tiempo y ya todos me conocerían. Me habría librado de mi condición y de mi angustia.

Paseaba y paseaba de un lado para otro, componiendo un continente mesurado. Era fácil de aprender aquella función. Todo giraba, se engranaba de por sí. Sería maravilloso tener un papel de verdad en aquella rueda, no estar solamente imitando a los demás.

Ellos formaban un mundo, se relacionaban grandemente entre sí. Sus asuntos, aunque fueran particulares, no eran de índole distinta. Estando en el mismo plano de aquellas personas y tan cerca de ellas me daba cuenta de cuanto tenían que ver unas con otras, del acuerdo que reinaba entre todas. Se hablaban en voz baja al pasar y algunos se detenían a darse golpecitos en la espalda y esbozaban sonrisas pálidas, como de consuelo. Pero todo lo hacían bisbeando, con mucho respeto, en tono menor, sin bullicio ni descompostura, como si hubiera un enfermo que dormía allí junto y todos preguntasen por él y se compadecieran. Acaso todos ellos estaban enfermos y lo sabían, y por eso se guardaban tanta consideración entre sí, unidos en su misma enfermedad, en la idéntica esperanza de curarse.

Yo también podría haber fingido un desmayo, un vómito, cualquier cosa y ya sería uno de ellos, y en seguida me rodearían y me llevarían en volandas a la habitación. Pero la habitación se me representaba como una escombrera, como un cubil salvaje y maloliente. No podría ofrecerles ni una taza de té; no habría sitio donde poner la bandeja, bailaría sin asentar sobre los bultos desiguales. Ni siquiera una silla podría ofrecerles. Me acordaba de las ropas, de la maleta abierta, de los paquetes amontonados. Había algunos grandes encima de otros de menos base y era fácil que los de arriba se hubiesen caído, con lo cual estarían los papeles rotos y todo desparramado por el suelo.

La imagen de este desorden me volvió a traer a la mente el recuerdo de Carlos, y la urgencia que había de encontrarle. Di la vuelta y eché a andar hacia la puertecilla del fondo lo más de prisa que podía, como si nadase contra la corriente.

Cuando salí al parque era de noche, una noche sin luna. Me apoyé en la puerta, desconcertada, y esperé a que mis ojos se fueran haciendo a lo oscuro para poder avanzar.

No se oía ningún ruido en torno. Venía un aire limpio y suave, y, a rachas, un perfume pequeño a canela, a pan con azúcar; debía haber una mata de heliotropo allí cerca. Agucé el oído y me mantuve unos instantes en tensión; luego empecé a andar con cuidado, llevando las manos extendidas delante para no tropezar. Noté que a cada paso que daba tardaba más tiempo en llegar con los pies al suelo, como si fuera andando cuesta abajo o la tierra se hundiese. Esto me producía mucha angustia, me daba una enorme sensación de inseguridad.

Poco a poco me fui acostumbrando a la tiniebla y empecé a distinguir sombras y contornos. El parque era estrecho y alargado, limitado en cada extremo por una fila de árboles fantasmales tupidos y uniformes, como guardianes. Por el medio había macizos de flores gigantescas. A veces, el camino se interrumpía y tenía que avanzar por entre estos macizos, rozando los gruesos tallos, y me parecía sentir la respiración de una persona o de un animal escondido allí junto. Las flores eran gordas y carnosas como cabezas y despedían un olor sofocante. Pasaba sin atreverme a respirar.

Por la izquierda oí sonar el río. De detrás de los troncos de los árboles subía el murmullo apagado y hondo, como la voz lamentosa de un prisionero. El molino debía estar ya cerca. Me dio miedo asomarme y casi no quería mirar para allí. ¡Qué terrible el molino en la noche! Tal vez en torno a sus paredes, donde las aguas se agitaban, aflorasen ahora, entre turbias espumas, las risas sin dientes de los ahogados; y estarían en corro las pálidas cabezas, levantados sus ojos huecos hacia los ojos huecos de las ventanas. Y llamarían con ellos a todo el que pasase por allí.

Seguí andando de prisa. Tal vez Carlos no había muerto todavía. De estar vivo andaría por allí, muy cerca. Tal vez lo tenía a mis espaldas, entre los matorrales; tal vez era la suya aquella respiración que me parecía sentir algunas veces. También tenía miedo de que estuviese vivo. Quise llamarle y no me salía la voz.

Seguí andando hacia el fondo del parque y me hundía gradualmente. El suelo estaba liso, sin desnivel alguno, y yo veía el bulto de mis pies posándose por lo llano; pero, a pesar de todo, me hundía sin remedio. Seguramente me hundía hacia el molino. Me poseía un poder misterioso que era capaz de arrastrarme hacia allí poco a poco por un desconocido tobogán. Carlos se estaría ahogando y me llamaba.

Llena de espanto, hice un esfuerzo por detenerme y resistir. Cada vez iba caminando más de prisa, siempre de frente. Me salió al paso un árbol corpulento y me abracé a su tronco con toda la potencia de mis brazos, como cuando uno no quiere que le lleve el viento, y clavaba las uñas en su corteza.

De pronto tuve una extraña clarividencia. Por primera vez desde que habíamos llegado al balneario se me cruzó la idea de si estaría soñando. Se me abrió esta duda como una brecha en los muros de tiniebla que me cercaban, como la única salida posible, la única luz. Pero se me alejaba, desenfocada, bailando con guiños de burla, como la luz de un faro; perdía consistencia y desaparecía, sofocada por las imágenes y las sensaciones del sueño mismo. De nuevo intenté gritar, esta vez con mucho mayor empeño y esperanza, con todas mis fuerzas, y de nuevo fue en vano. La voz no me salía, se me estrangulaba sin alcanzar a repartir sonido, igual que si tropezara con una barrera de piedra.

Empezaron a oírse ruidos lejanos que se acercaban más; algo así como golpes acompasados contra un tambor y pasos de muchas personas arrastrando los pies procesionalmente. Apreté la cara contra el tronco del árbol y cerré los ojos. Venían los ahogados –no había duda–, traían el cadáver de Carlos para depositarlo a mis pies. Ya iban a llegar pronto. Sería terrible cuando llegasen a mi espalda y me tocasen con un dedo por detrás.

Si estaba soñando, tenía que despertar en seguida; antes de que ellos llegasen, antes de ver a Carlos muerto y que fuese verdad. Había que darse prisa. Ahora mismo: gritar y despertar. Pero cada vez que lo intentaba no conseguía más que avivar mis terribles sufrimientos. Me debatía entre la luz y la sombra, entre la vida y la muerte, desesperada ante la impotencia de vencer y salir a lo claro, de aniquilar este mundo de amenazas, terror y misterio, que me envolvía y acorralaba, que avanzaba, agigantándose, cada vez más desorganizado y caótico, sin ningún asidero para mí.

Ahora, en las pausas de los tambores, se oían otros golpes más tenues, pero más cercanos, como de alguien que me viniese a salvar, que me llamase desde otra orilla, a través de un delgado tabique. Alguien me estaba buscando con una luz muy fuerte para sacarme de allí, pero iban a pasar por mi lado sin verme, sin oírme. Sabía que todo consistiría en lograr dar un grito poderoso. Lo intentaba de nuevo, sin conseguir soltar el chorro de la voz. Lo ensayaba, a empujones cortos y continuados, sin tregua. Tenía una piedra enorme cegándome la voz, como la entrada de una cueva.

Los pasos de los ahogados, trayéndome el cuerpo inerte de Carlos, haciendo retumbar sus tambores de muerte, sonaban ya cerca, a mis espaldas. Los otros golpes, los de verdad, los que solamente estaban separados de mi por un telón, por una débil muralla, se oían más apagados y más lejos. Un grito, un grito que me los acercara, que me los iluminara. Si me oían gritar todavía podían llegar a tiempo los que me buscaban, para sofocar los otros ruidos y destruirlos, para sacarme de allí. Me estaban buscando con potentes linternas.

Ya llega Carlos, muerto, rodeado de cuerpos de fantasmas; ya vienen los tambores. Un esfuerzo. Estoy dormida, soñando. Un esfuerzo.

Ahora conseguía emitir unos gritos raquíticos como mugidos, como burbujas. Más fuerte. Más. Más fuerte. Gritar, gritar, gritar...

2

—¡Señorita Matilde!... ¡Señorita Matilde!... ¿Me oye?

El botones deja un momento de golpear con los nudillos y pega el oído a la puerta, sin atreverse a entrar ni a marcharse. Luego llama otra vez, más vivo, sin respeto, realmente alarmado.

La señorita Matilde hace crujir los muelles de su lecho y

se debate, emitiendo gritos ahogados y angustiosísimos, como si la estrangularan. El botones, por el invierno, ha ido al cine varias veces y sabe que pueden ocurrir cosas así. Conoce algunas historias de malhechores que se deslizan furtivamente en los dormitorios de las mujeres solas para robarlas o violarlas, y que, después de saciados su deseo y su codicia, escapan sin dejar huellas de su paso, hurtándose sigilosos a todas las miradas.

El botones está muy excitado y se siente héroe de verdad por primera vez en su vida. Tiene catorce años y en este balneario se aburre de muerte. Vaya una ocasión. No es que vaya a decir que no le da un poco de miedo, pero no se piensa ir ni pedir ayuda a nadie. Va a entrar él solo, solito, a sorprender el atropello del desalmado. Como no conteste ahora, vaya si entra.

—Señorita Matilde..., señorita...

Nada, que no contesta. Que sigue con los gemidos. Las piernas le tiemblan un poco. Pone la mano en el picaporte, pero no se atreve a empujar.

A lo mejor era más seguro bajar a avisar al conserje. Sí, claro que sería más seguro. El conserje es un hombretón como un castillo, menudo tío; con ése ni lo contaba el tipo de ahí dentro. Pero ¿y si se va mientras él baja y vuelve a subir? Además, viniendo el conserje, él seguiría teniendo bastante mérito; siempre dirían: «Ese chico fue el que avisó»; pero ni comparar con lo que será si entra solo y se lía a puñetazos. A lo mejor lo traen en los periódicos, y hasta con retratos. Se imagina la cara que pondrá Demetrio, el de «La Perla», que siempre los anda llamando cobardes a todos, porque una vez de poco mata a uno peleándose, y llegó a estar en la cárcel un mes.

Ánimo. Un poco de ánimo. Ahora se oyen palabras entrecortadas y un grito algo más claro y más alto; y otra vez nada. Sólo el cuerpo que se revuelve encima de la cama, como si rechazase a otro cuerpo en la lucha.

Todavía vacila. Mejor le gustaría que fuese la señorita Clara, la del veintiséis, que duerme sola en la habitación al lado de su padre, ese señor que es juez. Con ésa sí que no lo dudaba; aunque sólo fuese por verla echada en la cama. Vaya una maravilla. Es la única chica joven que viene al balneario; le suele sonreír –más maja y simpática–, y hasta el año pasado una tarde que llovía jugó con él al ajedrez. Siempre anda por el paseo, con un libro cerrado y las manos colgando, sin saber lo que hacer. Bien que se aburre la pobre. Por las mañanas, todavía; alguna vez se va en el tren a la playa. Pero por las tardes todo se le vuelve dar vueltas como un oso enjaulado y entrar por una puerta y salir por otra, y echarles a todos los que ve esos ojos tan mustios y tan preciosos, y aguantar las bromas de los mayores, como si se quisiese escapar y pidiese, mudamente, auxilio. Por defender a ésa no se andaba parando a pensar si iban a sacarle o no en los periódicos. Entraba, aunque supiera seguro que lo iban a matar.

De todas las demás señoras y señoritas le da lo mismo. Si no fuera porque vienen las mismas todos los años, hasta las confundiría. Todas iguales, con la nariz y los ojos absurdamente repartidos, que parece que siempre les sobra sitio en la cara; con la boca muy delgada pintada de carmín, rematada por dos altivos surcos paralelos; con esos trajes llenos de frunces y perifollos que tardan lo menos tres horas en arreglarse. Y luego las risas tan bobas cuando están todas en rueda, tomando el chocolate.

Ésta no es de las peores. Es bastante cariñosa y le ha dado propina varias veces. Además no puede uno elegir las ocasiones. Seguro que una como ésta no se le vuelve a presentar en la vida.

Nada, hay que decidirse. Otra vez se acuerda de Demetrio y aprieta el puño sobre el picaporte. A la una, a las dos y a las... ¡tres!

Ha entrado de un golpe, como si derribara la puerta, exagerando la violencia de su actitud para hacerse fuerte, y ha avanzado en línea recta, con los puños cerrados, hasta el centro de la habitación. Allí se ha detenido y se le comba el pecho fieramente, mientras las piernas le tiemblan y casi se niegan a sujetarle. Piensa que su aparición inesperada y sus pasos decididos serán más que suficientes para asustar al ladrón y ponerlo en fuga. Dice, sin mirar a ninguna parte, con una voz que quiere ser terrible:

—¿Quién anda ahí?

Y se queda bastante satisfecho de sí mismo, porque la voz le ha respondido, aunque un poco más débil de lo que hubiera hecho falta, sin gallos ni temblores.

Ahora, en vista de que no se oye nada, se atreve a mirar en torno. La habitación está en penumbra y huele a sudor y a cerrado. Al principio no está seguro del todo, pero le parece que no hay ningún extraño. Aquel bulto...; no, nada, es un traje oscuro sobre el respaldo de una silla. Siente a la vez alivio y decepción. Como no se haya escondido... Ahora ya mira libremente en todas direcciones, abarca el cuarto, rincón por rincón, y ve bien claro que el ladrón no está.

Avanza decidido hacia la cama. De esconderse, habrá sido debajo de la cama; pero no le ha dado tiempo. Además, ésos son recursos de los cuentos de niños. Los ladrones y asesinos del cine aprietan resortes ocultos en las paredes o se descuelgan por las ventanas con saltos fabulosos, sin hacer ruido, casi volando.

Todavía un pequeño sobresalto al tropezar con algo blando que está en el suelo, encima de la alfombra. Es el corsé de la señorita Matilde, con las medias prendidas, colgando despatarradas como piernas de goma que se hubiesen desinflado. Le da un poco de asco, lo aparta con el pie. Ya está a la cabecera de la cama.

La señorita sigue emitiendo sonidos inarticulados que se le abortan sin salir del todo, angustiosos, tercos, confusos, como los de un mudo que quisiese hacerse entender. Su cuerpo sudoroso se agita dolorosamente, presa de un misterioso maleficio, y se marcan sus contornos, abundantes y desceñidos, por debajo de la colcha ligera. La señorita está en combinación y duerme con los brazos destapados; se le ve, también, todo el escote opulento. Menudo, cómo debe sudar. El botones la contempla totalmente desencantado; sin querer vuelve a acordarse de la señorita Clara, la del veintiséis, y piensa lo que hubiera sido verla a ella en la siesta. Se siente muy ridículo. ¡Qué rabia le da haberse asustado tanto! Si lo llega a saber Demetrio... Ganas le dan de volver la espalda y marcharse al pasillo por donde ha venido, sin echarle una mano a esta infame gorda. Pero le da un poco de pena. ¿Quién tiene el corazón de irse, dejándola a la pobre en garras de esa terrible pesadilla?

La coge por un antebrazo y la sacude suavemente. Mejor sería por los hombros, pero los tiene tan desnudos. Le da como reparo.

–Señorita, despierte; señorita Matilde...

Es poco, demasiado flojo. ¿Qué demonios estará soñando? Ahora menea la cabeza para los lados y hacia atrás, como si quisiera sacudir un moscardón imaginario, y abre mucho la boca; se le ve la lengua inerte y babosa, sacudida por los inútiles pujos de voz aprisionada, de la voz que se debate por alcanzar a ser algo más que esos sordos gemidos. Pone un gesto de patética estupidez. Se parece al Chele cuando anda borracho perdido y no lo pueden levantar del suelo entre dos hombres. Se parece, también, a don Antonio, el encargado de antes, cuando estaba muriéndose. Dios mío... ¿Se irá a morir? Aquí sola con él, en este cuarto... A lo mejor le ha dado un ataque o algo...

El botones no deja de mirarla. Ahora está asustadísimo. La sacude, esta vez por los hombros, bien fuerte, sin remilgos. Las manos se le hunden en la carne blanda y blancuzca, en la carne abundante, limpísima e intacta, lavada dos, tres, cuatro veces al día con un rico jabón que viene envuelto en papel amarillo, que lo mandan en cajas de cuarenta pastillas y casi no lo venden ya en ningún comercio; un antiguo, satinado jabón, anunciado en las páginas de la *Ilustración Española y Americana* junto al dibujo de una señora de boca pequeña, la larga cabellera rubia flotando al viento. Los hombros de la señorita Matilde constituyen su mayor orgullo. Le gusta mirárselos desnudos en el espejo, a través de las blancas burbujas de jabón, secárselos con mimo, como en una caricia; recorrerlos con el pulgar, mientras los otros dedos se esconden en el nido amoroso del sobaco. Se los mira una y otra vez con el pretexto de lavárselos, de explorar un granito, de reformarse una combinación. Los echa para atrás, los tornea en el aire, les busca el perfil. No puede resistir la tentación de hacerlo. Muchas veces, en la confesión, ha tenido que acusarse, muy avergonzada, de estas pecaminosas complacencias.

Al botones, por su parte, los hombros de la señorita Matilde le dan bastante grima; jamás se le hubiera pasado por la cabeza la idea de tocarlos, de no haberse visto obligado a ello por circunstancias tan perentorias. Gracias a lo asustado que está ha logrado superar esa repugnancia. Ahora se trata de algo más serio; hasta palmadas se atreve a darle en la cara, que la tiene como untada de crema; hasta a hablarla muy cerca del oído, rozando los rizos aplastados.

–Señorita, despierte; señorita..., por Dios.

Por fin, la señorita, bruscamente, se incorpora en la cama de un salto inesperado y lanza un grito desgarrador y victorioso. Un grito largo, largo... Es como respirar, como abrir las compuertas, como si entrase torrencialmente el aire a llenar hasta lo hondo un aljibe vacío.

Abre los ojos extraviados de terror, y se abraza al cuello del botones, sin que él tenga tiempo de evitarlo. Le ha saltado de repente como una pantera y se acurruca contra él, y el aliento entrecortado y ardoroso de sus palabras le hace cosquillas en el lóbulo de la oreja. Todavía no sabe lo que dice.

–Carlos, Carlos..., te quiero; qué miedo, te mataban...

Y a todos éstas, clavándole las uñas en el cogote y sudándole encima aquella mole desgobernada, fofa y pertinaz. Se desprende como puede, todo sofocado, y se cantea tímidamente hacia la rayita de luz que entra por la ventana, para que ella le mire y le pueda reconocer. Articula, turbado:

–Soy Santi, señorita Matilde. Santi..., ¿no me conoce? He entrado porque la oí quejarse y creí que le pasaba algo. Perdone que haya entrado, pero estuve llamando mucho rato y no me contestaba. Ha debido tener una pesadilla...

Ahora baja los ojos como disculpándose de no ser esa persona a quien ella llama, de resultar extraño en esta habitación, de haberle usurpado el lugar a alguien.

–Soy Santi, Santi, el botones –repite.

Igual que si dijera: «Solo Santi. Yo no tengo la culpa». La señorita Matilde está sentada ahora con el cuerpo rígido y le mira con ojos inexpresivos, fijos y distantes. Poco a poco va sintiendo el sudor de sus piernas, el peso de su cabeza, va haciéndose a la penumbra de la habitación cerrada. Pesadilla..., era una pesadilla. La mala digestión, el bacalao al pil-pil. Tiene la lengua seca, como untada de ceniza. Ha sido el bacalao, siempre le pasa igual cuando lo ponen. Ni régimen ni nada; no se da por harta.

¡Puf, qué manera de sudar! Tiene un pie destapado, colgando. Hasta la colcha pesa. Vaya trazas de cama. Este chico la ha visto medio desnuda. Ahí está, todavía, de pie. Santi, claro. Santi, el botones. Carlos sueño, Carlos no hay. No hay congoja, no hay vereda terrible que arrastra al molino, ni fantasmas de ahogados, ni hostilidad por parte de nadie. Pero Carlos, tampoco. No ha podido llegar a decirle aquello tan urgente que le iba a decir. Flota, se esfuma lejísimos el mensaje. No le ha dado tiempo. Ya nunca le dará tiempo. Ha quedado pendiente, roto sobre los abismos. Ahora no tiene nada que decirle a nadie. Se sube un poco la colcha. Se tapa.

–Sí, Santi. Dios te lo pague, hijo. Tenía una pesadilla muy mala. Gracias a que has venido tú –se estira, se pasa la mano por la frente–. ¡Qué calor! ¿Qué hora es?

–Serán las cinco y cuarto. Yo subía a avisarla, de parte de las señoras, porque dicen que la necesitan para el julepe. Ya están todas abajo.

–Ah, sí, para el julepe... Pues diles que ahora voy.

Las últimas palabras, sobre todo el «voy», se oscurecen tragadas por un poderoso bostezo. Santi se pone a hacer el cálculo mental de los bostezos que irán transcurridos en el balneario desde que se levantó él por la mañana temprano, de los que se estarán produciendo ahora mismo, de los que faltarán todavía hasta la noche.

–Pues me voy, señorita, si no me necesita para otra cosa.

La señorita Matilde se queda inmóvil, recordando. Eso mismo le dijo el botones del sueño, cuando le dio el recado en el pasillo. De pronto mira a éste fijamente. Aquél..., éste..., ¡pero si son el mismo! Tiene ganas de retenerle, de preguntarle, por si acaso supiera alguna cosa más acerca de Carlos, o tuviera que darle recado nuevo. Está segura de que es el mismo. Le parece que ahora se está burlando de ella, tan seriecito en su papel de Santi, escondiendo la risa que le da fingirse otro distinto del de hace un rato; le parece que disimula para engañarla y embarullarla en este juego desconcertante. El otro no sabía su nombre y éste la llama señorita Matilde; pero es igual. O los dos son verdad, o los dos son mentira. Llamarse señorita Matilde no demuestra nada.

–Digo que si no manda otra cosa, que me voy –repite el chico desconcertado.

¡Qué bien lo hace! Le da vergüenza descubrirle, decirle que le ha reconocido. A lo mejor también él, pobrecillo, es víctima de este juego, y son otros los que le ponen y le quitan los papeles, los que lo manejan.

–No, muchas gracias. Te puedes ir. Ciérrame bien la puerta.

La señorita Matilde, Matilde Gil de Olarreta, se ha quedado sola en la habitación. La habitación está limpia y recogida. Gil de Olarreta, Bermúdez, Acuña, Céspedes, Casamar... Los apellidos se levantan en una racha de aire manso, danzan como vilanos por la habitación cerrada. Sabe hasta dieciséis. Le gusta recordarlos. Se van sucediendo enhebrados, como música; los va viendo colocaditos en estantes, igual que camisas planchadas. Estella, Del Río, Aguilar, Orfila... Sus apellidos escritos en lápidas de cementerio, en reseñas de la buena sociedad, en dedicatorias de fotografías, en escrituras de compraventa, en viejos fajos de cartas archivadas; sus apellidos vestidos de uniforme. Le guardan las espaldas, le evocan cosas de fundamento. Han subido las navieras Aznar; ayer, carta de la prima Luisa, diciéndole que vaya con ella a Mataró; todo está recogido; mañana es Santiago Apóstol, dirá el sermón don Manuel, como todos los años; viene, el pobre, por las dos piedras que tiene en el riñón; ese día siempre cuenta lo mismo, lo de los moros; que, por lo visto, hizo el Apóstol una atroz matanza montado en su caballo. Se bajaría a ratos del caballo, cuando nadie lo viera. O no, cualquiera sabe; son cosas de hace tanto tiempo.

Esta tarde hace bochorno. De abajo, del paseo, suben palabras y risas. Las del julepe. De un momento a otro le van a dar una voz para que baje. Esa que se ríe ahora es Amelia, la de Valencia. Se la oye una vez y ya se la conoce siempre; parece una codorniz. Bueno, hay que levantarse. Nunca le ha dado tanta pereza.

La señorita Matilde pone los pies desnudos encima de la alfombra y contempla perpleja la habitación. Otra vez tiene la sensación extraña de que alguien la está engañando. Desconfía, se siente insegura.

La habitación es la misma del sueño. La puerta que da al baño todavía está abierta. Él era brusco e incomprensible, turbador; seguramente ocultaba un pasado azaroso. La hablaba con dominio y con cierta indiferencia, como si fueran viejos amantes. La señorita Matilde pasa sobre la palabra amantes con un dulce sobresalto. Luego se la repite y, al hacerlo, le late fuertemente el corazón. Viejos amantes. En esta misma habitación..., hace un momento.

Ahora mira el espejo, que está enfrente. Allí dentro le parece que va a ver continuar el sueño interrumpido, como en la pantalla de un cine. Ese cuarto de dentro lo ve a través de una neblina, como si estuviera inmerso, todavía, en la luz indecisa y abisal que ella acaba de sacudir de sus ojos. Ahí está sentada la mujer del sueño, con los pies y los brazos desnudos, atenta a los rumores apagados que suben del paseo, sin atreverse a salir por los desconocidos pasillos, temerosa de alguna emboscada. A lo mejor ahora se va a abrir la puerta y va a volver él. Va a acercarse de puntillas y a abrazarla por la espalda, y ella llorará con la cabeza escondida en su pecho y le pedirá que se vayan de aquí; le contará el miedo que ha pasado en este cuarto, tanto rato sola, pensando que él se iba a suicidar. Y él le acariciará los hombros y los cabellos, le besará los ojos como a una niña asustada.

La señorita Matilde se levanta y se va al espejo, atraída por una fuerza misteriosa e irresistible. La mujer de dentro de la luna se levanta también y avanza hacia ella, lenta, solemne y fantasmal. Se quedan paradas una frente a otra y se miran absortas, como haciendo memoria, como si no pudieran conocerse. Fijándose bien, la señorita Matilde advierte, de pronto, que la de dentro tiene en los ojos un poco de burla, como si hubiera adivinado todas las fantasías que ella está urdiendo con tanta seriedad y le siguiera la corriente por obligación. La mujer del espejo se pasa horas y horas agazapada en lo oscuro y, cuando se asoma, viene pensando en viajes que ha hecho desde su rincón. A la señorita Matilde le da envidia, porque le parece que sabe más cosas que ella; pero luego reflexiona y se siente orgullosa de envidiarla, porque, al fin y al cabo, es como estarse envidiando a sí misma. Y entonces se ríe, complacida, y señala a la imagen con el dedo y dice: «Yo soy ésa, yo soy ésa. Yo soy tú». Y le gusta ver que la de dentro se ríe y hace los mismos gestos, como una esclava.

De abajo viene una voz impaciente:

—¡Matilde!... Pero ¿bajas de una vez?

Ella ha abierto la ventana y saca un poquito la cabeza por detrás de la cortinilla blanca de lienzo. Debajo de los árboles del paseo han puesto dos veladores y, sentadas alrededor, cuatro señoras han armado el julepe. Desde arriba sólo se ve bien a la que está de espaldas, con un traje estampado de ramajes grises. A las otras las tapan las copas de los árboles. Se ven algunas manos posadas sobre el mármol, agarrando las cartas, y se reconocen palabras sueltas del juego. Detrás de ellas está el río, aunque tampoco se ve.

Y en la orilla de allá las montañas verdes y lisas, con montoncitos de hierba segada y árboles frutales. Hay dos niños arriba del todo. La señorita Matilde se acuerda de que el año pasado subieron ellas allí de merienda, una tarde que se ahogaba uno en el valle, y, después de las fatigas de la escalada, sólo se veían otros montes muy cerca de aquél, tan cerca que daban ganas de subírselos también, porque entraba como una comezón de llegar a lo llano. Se cansó mucho ella aquel día y luego le sentó mal la tortilla de patatas. En el centro de uno de los veladores han puesto un cenicero grande y se oye el sonido metálico de las perras cayendo allí.

–...y ¿quién te manda a ti meterte con la sota y una brisca?

–Julepe a las tres.

–Ay, hija, como empecéis como ayer...

Como ayer. Y como anteayer. Y como mañana. La sota adolescente y descarada como una modistilla en carnaval. El caballero afeminado. El rey barbudo. Las briscas, los triunfos pequeños. El as de oros, radiante como un cáliz. Que pinten oros; si pintaran oros...

Las cinco y cuarto todavía. Bajará. ¡Qué va a hacer! Hasta las nueve que se cena... ¡Cuánta tarde queda por matar todavía! Matar la tarde. Irla matando célula por célula, minuto por minuto, y verla cómo va perdiendo sangre, sin ningún entusiasmo tampoco por su muerte, porque es como un trabajo rutinario, de oficina, el de matar la tarde. No hay riesgo, no hay opción a soluciones diferentes. Irse llenando los dedos de la sangre de la tarde, una sangre cenicienta y templada que se escurre como arena, que ni siquiera deja mancha.

La señorita Matilde se sienta en el alféizar de la ventana, presa de un lánguido sopor, y por detrás de sus ojos, que se posan inertes y sonámbulos en las altas montañas de la orilla de enfrente, van desfilando, mezcladas e incompletas, imágenes vividas en este balneario, recuerdos, impresiones. Le parece que está pasando entre los dedos las cuentas de un rosario cuando pasa revista a estas imágenes, sabidas, incoloras, silenciosas, que se le superponen desde siempre como un grueso hojaldre de paredes blancas.

El balneario no es que sea muy grande, pero tiene, eso sí, muchas puertas. Éste es el Gran Hotel, y comunica con el manantial y los baños. Hay muchos pasillos interiores que parecen inútiles y enorme cantidad de recodos y escalones. Pero, sobre todo, las puertas. Generalmente son de esas de dos hojas, que basta con empujarlas y se abren y se cierran sin ruido. Si no hubiera tantas puertas, aunque casi todas vengan a llevar al mismo sitio, este lugar no tendría movimiento ni emoción ninguna. Nadie se perdería y estarían todos sentados en círculo, mirándose a los ojos, pensando secretamente en escapar.

Las puertas llevan al manantial, al salón, con su piano; al escritorio, al parque de atrás; pero lo importante no es a donde lleven, sino que las haya en tanta profusión. Desde por la mañana, todos los agüistas desahogan sus nervios buscándose unos a otros en repetidos paseos circulares, a través de los limitados recintos recorridos tantas veces. Entran y salen enardecidos por la pesquisa; creen encontrar el rastro a cada instante y no les importa que se les vaya un poco, porque es igual que el juego del escondite, donde la gracia misma reside en la dificultad de la búsqueda y en que dure más tiempo.

–¿Ha visto usted a don Pedro?

Y uno siempre lo acaba de ver. Don Pedro ha salido de aquí precisamente ahora; acaba de marcharse por aquella puerta. Caliente, caliente. Si se da usted prisa todavía lo alcanza. Y el buscador le sigue. Y don Pedro lo sabe: que le están buscando, que alguien le está buscando, que lo van a alcanzar; y por eso le encuentra gracia a dar un paseo, a entrar y salir por estas puertas con el pretexto de pasear su vaso de agua; de buscar, a su vez, a otra persona en lugar de sentarse tranquilamente a leer el periódico. Y cuando el buscador alcanza a don Pedro habla con él dos palabras o se da una vueltecita en su compañía y en seguida se despide, pretextando un pequeño quehacer, pero lo cierto es que se va a buscar a otro agüista para cambiar un poco, porque don Pedro, en realidad, tiene poca conversación y no sabe uno qué decirle.

Aquí todos se conocen de unas temporadas a otras. Constituyen una gran familia y se subdividen, agrupándose por regiones. Gallegos, catalanes, madrileños... Conocen los unos las historias de los otros, y sus dolencias, y sus parentescos. Y algún día descubren con gozosa sorpresa antiguas amistades y las desentierran como un tesoro.

–¡Pero, hombre, si no conozco otra cosa! Toda la vida vivieron al lado de casa de mis abuelos, en Bilbao. Famoso aquel Cesítar. Si usted lo hubiera conocido de niño..., sabía más que Lepe.

Cuando llegan los agüistas nuevos, la primera orientación que se necesita es la de conocer la región a que pertenecen. Con eso se les coloca en el casillero oportuno, y de ahí se pueden ir sacando informaciones ulteriores hasta localizar el apellido, y procurar sacarle, paladeándolo despacio, ramas afines con algún otro oído anteriormente, tal vez en este mismo balneario.

–Usted no tendrá que ver, por casualidad, con Pepe Villanueva, el de Cáceres.

–Sí, señora, es primo segundo de mi madre.

–Vaya, ¡qué casualidad! Pues no lo querrá usted creer, pero la he sacado por el parecido. No diré que sea una gran cosa, pero se dan ustedes un aire de familia.

Sí. Todos se conocen; todos se localizan por los nombres, por las familias, en esta gran familia del balneario.

La señorita Matilde, con un pequeño sobresalto, vuelve otra vez la vista a sus apellidos, como si temiese verse despojada de ellos, y al repasarlos nuevamente se siente muy ufana del rico y abundante cortejo. Ella tiene la suerte de haber nacido en Valladolid, de padre santanderino y madre aragonesa, y haber vivido casi siempre entre Madrid y Barcelona, con lo cual conoce gente de estas cinco provincias. Esto le concede un notable privilegio sobre la mayoría de los veraneantes, que se rindieron a la evidencia de esta superioridad desde el primer día. Ahora se da cuenta de que, hace un rato, cuando entró por esa avenida de la mano de Carlos, una de las cosas que debieron hacerla sufrir más fue encontrarse, como se encontraba, con la memoria vacía, sin poder echar mano de sus dieciséis apellidos para recitárselos a todas las señoras que alzaban los ojos, intrigadas, al verles llegar.

Aparte de la exhibición de los propios parentescos y de la investigación de los ajenos, ¿de qué otras cosas se habla en este balneario? Lo de los parentescos es, desde luego, lo más importante; pero hay que tener en cuenta que se habla mucho, porque el día es largo, que se habla sin parar de muchas cosas. Hay veces que ni siquiera da tiempo a escuchar lo que dicen los demás, porque está uno ocupado, recordando un sucedido que tiene que ver con lo que cuentan alrededor, y lo está preparando para soltarlo cuando haya una pausa. Y otras veces hablan todos al tiempo, y la conversación resulta algo confusa.

Sucedidos, sí. Principalmente se cuentan sucedidos. Sucedidos en rueda, entrelazados. De una niña, por ejemplo, que se tragó una perra; de que eso es peligroso.

–Ah, pues verá usted lo que le pasó a mi sobrinito...

–...sí, sí, muy peligroso...

–...y la perra era más gorda que una almendra.

–El pequeñito de mi hermana Ángeles, la que vino a verme el otro día con su marido...

–¿Y dice usted que se ponía morada cuando la tragó?

–...pues nada, que el angelito, en un descuido de su madre, agarró el pizarrín...

La niña, el sobrinito, la perra, el pizarrín..., sucedidos salteados, desvaídos, larguísimos de contar, desmesurados artificialmente para alcanzar a atraer la atención de todos los contertulios; para lograr, si es posible, que también levanten la cabeza de las mesas inmediatas, que se vengan al corro arrastrando sus sillas. Sucedidos recientes o de antaño, del tiempo que uno quiera, hasta puede que inventados; sucedidos no sucedidos jamás. De descarrilamientos, de muertes repentinas, escuchados plácidamente entre sorbo y sorbo de chocolate.

Que si las manzanas estaban malas, que si no estaban maduras, que si tenían gusano... «¡Ay, Señor, que me pongo mala! ¡Ay, Dios mío, que qué malita me pongo!» Esto a las siete. A las nueve, ¡muerta!

También se cuentan chistes, es verdad. Muchos chistes se cuentan. Los hay de hombres y para señoras, como las tandas de ejercicios espirituales. Y también los de hombres se les cuentan a algunas señoras, aunque haya otras que se escandalicen y digan que no han entendido nada. Hay personas especializadas en contar chistes, como hay otras especializadas en reírlos, con una risa ruidosa que se queda abajo, chocando entre las paredes del estómago, sin subir a alegrar los ojos. Los chistes se olvidan y, cuando se repiten, no se los reconoce. Se quedan en el fondo de la memoria como un barrillo impreciso, y no circulan, no se incorporan a la masa torrencial de todo lo visto y lo oído: son igual que muertos en su nicho.

Sillas... ¿Cuántas habrá en el balneario? Entre bancos, y sillas, y sillones; entre los de mimbre, los tapizados, los de madera, los de lona... Una vez que vino un prestidigitador por la noche sacaron al paseo asiento para todos y formaban los asientos filas y filas. Pero todavía estaban dentro del salón, en el vestíbulo y en las habitaciones todas las sillas de siempre, como si no hubieran quitado ninguna. «Debe haber más de cinco −¡ya lo creo!− y más de seis para cada persona, contando a todos los empleados y a los de la cocina.»

Sería muy bonito sacar un día todas las sillas y los sillones, absolutamente todos, y ponerlos en hilera, agarraditos de las manos, desde la puerta del Gran Hotel para allá. Una fiesta de sillas, de sillas solas, vacías, sin servir al cansancio de nadie; de sillas libres. Una fiesta de sillas que celebrasen su día de vacación, su domingo. ¿Hasta dónde llegaría la fila? Desde luego, más allá de la iglesia. A lo mejor hasta el paso a nivel. O más allá. Seguramente más allá. Lo menos hasta la segunda curva de la carretera, donde está ese letrero torcido, en medio de un maizal, que ningún año se ha caído del todo ni se ha torcido más; ese letrero donde pone: «Para calidad, Domecq», y que es el límite de los paseos que se dan por la tarde, antes de que toquen para el rosario, las señoras de cierta edad, de sesenta para adelante. Dicen: «Vamos hasta el letrero. ¿Viene usted, Beatriz?», y se llevan el velo dobladito para entrar en la iglesia, a la vuelta. La señorita Matilde, en sus paseos, ha llegado siempre más allá del letrero. Bien es verdad que es joven todavía. Nadie le calcula más de treinta y cinco, y hasta veintiocho le han llegado a calcular.

Hay sillas que nunca cambian de sitio, apenas unos milímetros en las limpiezas de por la mañana, para dejarse quitar un poco el polvo. Son, sobre todo, las de los pasillos. En todos los pasillos, aproximadamente por la mitad, hay una mesita arrimada a la pared, con un florero encima y dos sillas a los lados. Nunca se ha visto a nadie sentado en estas sillas; sería absurdo, violento, desairado. El sentado parecería un mosquetero, una figura de museo de cera. Es poco probable suponer que se haya dado jamás este hecho desde que el hotel existe.

Los sillones de mimbre son los que tienen más trajín por lo ligeros y manejables. Siempre andan en brazos de los botones, de la sombra al sol, del sol a la sombra; son requeridos en todas las tertulias; arrastrados por su mismo ocupante en cuclillas. Y cuando alguien se levanta por poquito rato, deja encima del asiento el periódico o un ovillo de lana para marcar el sitio y que no se lo quiten. Cuando llueve, alguna tarde de esas que ha habido lluvia violenta, los meten en volandas, como a delicadísimos enfermos, y allí se quedan los sillones de paja, alineados a la puerta del vestíbulo, llenos de escalofrío, salpicados de gotas redonditas, mirando al cielo encapotado desde dentro.

En tales tardes de lluvia es cuando más se juega, y salen a relucir los echarpes de lana morada de las señoras. Todos irrumpen bulliciosamente en el salón para coger buena mesa, y las moscas se meten también a lo calentito y se posan reiteradamente en las barajas. El salón cobra una animación inusitada en estos días de lluvia.

Porque el salón está casi siempre vacío. Nadie se detiene allí. Alguna vez lo atraviesan los agüistas cuando están buscándose unos a otros; y pasan despacito, mirando a todos lados, como si tuvieran miedo de manchar o romper alguna cosa. Entran por una puerta y salen por la otra y, después que han salido, las dos puertas quedan meciéndose, y se oyen alejarse los pasos más firmes y apresurados, más desdolidos, afuera, por la luz. Porque el salón está casi siempre en penumbra y da mucho respeto. Huele a antiguo y a humedad. Si uno entra solo a media siesta en el salón cerrado tiene la impresión de que ha entrado a interrumpir una fiesta lenta, lejana e invisible. Se nota uno desplazado y extraño, encogido allí dentro de los espejos de las paredes, con un fondo de sillas modositas, tan pegadas unas a otras debajo de su funda azul como muchachas tímidas y emocionadas que mirasen al suelo, escuchando la música del piano y pensando que algún joven va a venir a sacarlas a bailar. Y la habitación crece y se le hace a uno enorme, y por todo el parquet encerado giran, en remolino, las parejas de antaño bailando el vals.

Los días de lluvia, en cambio, las sillas son despegadas sin miramientos de la pared y arrimadas a las mesas de juego. Se abren bien las contraventanas y se encienden todas las luces. Al salón lo sacuden de su siesta y se puebla de humo de tabaco y de voces presentes, se ventila de recuerdos.

En estas tardes de lluvia, más de una señora se termina su labor de ganchillo. Desde que se levanta, mira por la ventana y le ve la cara al día, se hace a sí misma la solemne promesa: «Hoy voy a aprovechar para darle un empujón al ganchillo». A lo mejor, la noche anterior se quedó en la vuelta diecisiete, y cuando acaba la tarde del día lluvioso le faltan sólo ocho para el remate. Se lo comunica a todas las demás señoras y las otras se acercan y soban la labor casi acabada, la estiran como chicle entre sus dedos pulcros y expertos para admirar el dibujo finísimo de estrellitas o de espirales.

También es muy frecuente en estos días de lluvia que, de pronto, se pare un automóvil a la puerta del hotel. El chófer abre las portezuelas, mientras cientos de ojos curiosos acechan desde todas las ventanas. Del automóvil se baja alguien, una familia desconocida. Hay una pausa en las lecturas, en los juegos, en las labores. ¿Quiénes podrán ser? Pero, de pronto, una señora de las que estaban a nuestro lado en la mesa se levanta excitadísima, abandona las cartas de cualquier manera y sale tropezando con la silla. Se abalanza sobre los viajeros como si tuviera miedo de que se fueran a marchar al no encontrarla en seguida, y los abraza con exageradas muestras de afecto. Los ojos se han quedado clavados en la escena. La señora se siente heroína. Habla y se ríe muy fuerte y sabe la expectación que ha despertado a sus espaldas. Habla de tú con los que han llegado, un tú insolente y agresivo, como si quisiera reconcentrar en él la esencia de la familiaridad, la mayor prueba de confianza que nadie pudiera tener con nadie.

–¡Qué alegría, qué sorpresa! Comeréis aquí conmigo, por supuesto. Pero venid a mi habitación; os querréis lavar, descansar un poco.

Tira de ellos, los va llevando por sus dominios como una reina. Los visitantes pasan, arrastrados hacia el ascensor, del brazo de la afortunada. No mira a nadie, no saluda a nadie. Habla en voz alta para que la oigan bien todos; está actuando para sus compañeros del balneario, y el saber que ellos están ahí detrás, y que han hecho un silencio, y que la van siguiendo con los ojos, es lo que le da precisamente esta satisfacción y esta euforia. Pero no mira a nadie, no vuelve a hablar con nadie hasta la noche, cuando sus amigos se han marchado. Se escurre furtivamente a la cocina y manda adornar la mesa del comedor con caminos de flores y poner entremeses o algún plato especial. Y después de comer les enseña el parque de atrás, solitario y llovido, y el manatial de las aguas medicinales, con la Virgen de Lourdes encima, saliendo de una gruta feísima. Y después de comer forman entre ellos solos una partida de pinacle. Pero no los presenta a nadie; ella sola los disfruta celosamente, y a aquella mesa nadie se acerca; apenas se atreven a echar miradás de reojo. Solamente cuando se han ido vuelve al corro de las señoras y les explica que eran como hermanos, que para ella son como hermanos.

Estos visitantes suelen estar tomando las aguas en otro balneario cercano y aprovechan estos días lluviosos para cumplir la promesa hecha a su paisana de que la iban a visitar.

Cuando deja de llover antes de la noche, las tardes, recién puesto el sol, se quedan melancólicas y despejadas, y es mayor el silencio de los montes. Se oyen las voces de alguno que trepa, allí lejos, a buscar manzanas, y se tiende sobre la tertulia de sillones de mimbre, vueltos a sacar al paseo, un cielo como de perla, como de agua, con algún pájaro perdido muy alto, un pájaro olvidadizo y solo que parece el primero del mundo.

Las mañanas de calor es bueno irlas a pasar a la sombra en el parque de atrás, cerca de la cascada. El parque tiene al fondo una baranda de piedra que lo remata, como un mirador sobre el río ensanchado. Desde allí se ve un paisaje verde y tranquilo, y es dulce escuchar el sonido del agua, que se vuelve muy blanca al caer por el pequeño desnivel. Al pie de la cascada hay un molino viejo derruido. El médico del año pasado, que era muy bromista, contaba cosas de ese molino, leyendas de aparecidos y fantasmas para asustar a las señoras. Pero ya se sabe que esas cosas son mentira; ellas le llamaban mal cristiano, por creer en agüeros y supersticiones.

El parque tiene bancos de piedra y está repleto de flores opulentas y pomposas, de flores sin perfume que parecen cogollos de berza y que, al ser arrancadas, rezuman de sus tallos un zumillo lechoso que se pega a los dedos. En las vísperas de las fiestas solemnes se recogen en gran profusión para adornar los floreros del altar de la iglesia.

En este parque de atrás hay mucha mezcla; se topa uno

con los agüistas modestos, que viven en los hoteles y pensiones de la otra orilla del río, y que vienen por la mañana a tomar sus vasos de agua al manantial. Son comerciantes pobres de provincias, gentes delgadas vestidas de luto. Pasean, toman el sol y forman sus pequeñas tertulias en voz baja. Muchas veces se les ve leyéndose unos a otros las cartas de los hijos, que han quedado al frente del pequeño negocio, y les escriben que todo marcha perfectamente, que gocen sin preocupaciones del verano.

Desde ese parque, y también desde el paseo de delante, se ve, a un nivel más alto, en la orilla de enfrente, la cinta blanca de la carretera, que separa la montaña del río. La señorita Matilde la está viendo ahora desde su ventana. Por esta carretera pasan los días de fiesta rojos autobuses repletos de excursionistas bullangueros que se amontonan encima del techo y asoman las cabezas por las ventanillas. Cabezas despeinadas de muchachas con las mejillas rojas de alegría. Cabezas que se apoyan en el brazo arremangado de un compañero. Desde la carretera miran las fachadas blancas y lisas del balneario y divisan, junto a la puerta, a unas personas sentadas silenciosamente, tomando el sol, leyendo; y la sangre les hierve y no pueden soportar esa quietud. Les compadecen y les gritan adiós con toda la fuerza de sus pulmones, agitando desesperadamente brazos y pañuelos, igual que si quisieran ver agitarse y conmoverse a esas gentes, alcanzadas por la ola de su alegría, arrastradas por ella, o ver desmoronarse los blancos, aplastados edificios. Pero nadie contesta nunca a estos saludos. Sólo algunos señores alzan con estupor la cabeza y miran alejarse el autobús envuelto en polvo, en gritos, en canciones; y antes de que desaparezca en la primera curva lo ven inclinarse peligrosamente hacia el lado de acá, amenazando volcar toda su carga en el río, sin que cesen por eso las risas ni la música del acordeón. Y se estremecen ante tanta sinrazón e insensatez. Luego vuelven a su lectura, y el silencio en torno se les hace aún más grato.

No. Ningún autobús rojo de excursionistas; ningún

acontecimiento del mundo exterior, por triste, por alegre que sea, puede turbar la paz de este balneario, su orden, su distribución, su modorra. Aquí se sabe de antemano lo que va a ocurrir cada día, y todos los días ocurre lo mismo; aquí todos descansan confiados en esa certidumbre y se olvidan las emociones y las congojas si es que se sufrió alguna alguna vez.

Y, sin embargo –¡qué cosas pasan en el mundo!–, a pesar de lo defendido que está uno en este lugar; a pesar de lo estable y lo normal que parece todo, también en alguna ocasión, que ni siquiera es importante, incomprensiblemente, sin que se haya podido prever, se efectúan, de pronto, extraordinarias e importantísimas transformaciones en lo más hondo de una persona. Puede volverse todo del revés sin que sepa uno qué mano lo ha tocado; puede cambiar de lado la visión de las cosas cotidianas, aunque esta alteración no dure más que unos instantes; quedar el mundo de antes desenfocado, perdido, y dejarse entrever otro nuevo de intensos y angustiosos acontecimientos. Enturbiarse y conmoverse en sus cimientos todas las garantías de seguridad; perder su vigor las costumbres metódicas y conocidas, volverse totalmente ineficaces.

La señorita Matilde se estremece en su ventana. También a este balneario pueden llegar un día unos dedos desconocidos e invisibles que lo transformen, que lo vacíen de su contenido habitual. Son como ráfagas que pasan una vez, como mensajes indescifrables, como oscuras y fugaces amenazas –o promesas tal vez–. Aunque se disipen igual que las nubes de tormenta, sin llegar a ser lluvia. Aunque no duren más que el tiempo de una siesta.

Esta noche se acostará y se quedará un rato con los ojos abiertos a lo oscuro y tendrá miedo a dormirse, pero se hundirá en el sueño con deleite y ansia, como si bajara, afrontando mil peligros, a las profundidades del mar. Pero –ella bien lo sabe y se lo dice con una incomprensible nostalgia– ya no encontrará nada, no podrá reanudar los sueños de esta tarde. Se ha roto el eslabón.

Y de pronto, Dios mío, ¿por qué siente su vida tan mezquina y vacía, por qué se ve tan sola, tan espantosamente sola?

–Matilde, hija, ¿pero bajas o no?

La cabeza que está encaramada al final del traje gris estampado se agacha, esquivando una rama baja de castaño, y se vuelve hacia la ventana de su amiga.

–Anda, ¡pero si está ahí asomada! ¡Y sin arreglar todavía! Pero, mujer, ¿qué haces? ¿No has oído que te llamamos?

–Ya voy, bajo en seguida. En seguida.

La señorita Matilde se separa de la ventana y entra en el cuarto de baño. Toma una ducha fría, se peina, se pinta los labios, se pone el traje azul marino de seda natural. La señorita Matilde, así, bien arreglada, resulta guapetona. Antes de bajar a reunirse con sus compañeras de julepe se mira por última vez al espejo. La habitación dentro de la luna ha recobrado su aspecto de todos los días. Y ella también. Este vestido no se lo había puesto todavía en esta temporada, y le hace buen tipo. A las de abajo les va a gustar.

Cuelga la bata en el perchero que hay a los pies de la cama. Luego sale del cuarto y cierra la puerta con llave.

Madrid, mayo de 1954

Los informes

–Dice la señorita que espere usted, que ahora está ocupada.

La doncella es alta, bien plantada y mira de frente al hablar. Va muy limpia y le brilla el pelo. «Debe ser de mi edad», piensa Concha. Luego baja los ojos un poco avergonzada y se queda apoyada contra la puerta. Hace fuerza como para sentirse más segura. Nota que se le clava en la espalda, a través del abriguillo raído, algo así como un hierro en espiral, de esos que sirven de adorno. Se está haciendo daño, pero le gusta sentir este dolor, lo necesita. Si no, se caería al suelo de cansancio.

Hace cuatro noches que no pega ojo. La última, la del tren. Todavía tiene metido en los sesos el exacto, invariable, agobiante «chaca, chaca» de las ruedas del tren, marcando el tiempo en lo oscuro. Le parece que este resoplar trabajoso de los hierros le ha formado por dentro de la cabeza dos paredes altísimas, entre las cuales se encajona y se estrecha todo lo que desea, lo que sufre y recuerda. Y que por eso lo siente avanzar a duras penas, tarado, encarcelado, vacío de esperanza. Sólo el ruido del tren en la noche. Era como contarse los latidos del corazón. Y, ¿quién habría podido dormir con la incertidumbre y con aquella pena?

Horas y horas mirando por la ventanilla, limpiando de cuando en cuando el cristal empañado, acechando ansiosamente algún bulto de árbol o de casa sobre las tierras frías. Y alguna vez se veía un pueblo lejos, con las luces encendidas; diez o doce luces temblonas, escasísimas, aplastadas de bruces en lo negro. Y otras veces el tren pitaba largo, largo, como llorando, como si se fuera a morir, y echaba a andar más flojo, y llegaban a una estación. A lo mejor montaba alguien y se le veía pasar por el pasillo; se oían sonar sus pies y los ruidos que hacía hasta acomodarse. Era el tren correo, y en las estaciones se eternizaba. Casi se deseaba volver a oír el ruido de las ruedas; tenía una miedo de quedarse para siempre en aquel pueblo tan solo, tan desconocido, como visto a través de niebla y legañas, en aquel andén que levantaba su escuálida bombilla encima de unos letreros, de unos cajones, de un hombre borroso con bandera en la mano. Quería una volver a correr, a tragarse la noche, porque de una manera o de otra era como caminar hacia el día.

–Pero pase usted, no se quede ahí. Siéntese un poco, si quiere.

Concha da las gracias y se separa de la puerta. El hierro se le ha debido quedar señalado transversalmente en la carne, debajo de las paletillas. Siente ganas de rascarse, pero no lo hace por timidez. La chica le ha dicho que se puede sentar, y ella está muy cansada. Mira las sillas que tiene cerca; todas le parecen demasiado buenas. También hay, unos pasos más allá, un banco de madera, pero tiene almohadones. A pesar de todo es, sin duda, lo más a propósito. Se acerca a él. Todavía levanta los ojos, indecisa.

–¿Aquí?...

–Sí, sí, donde usted quiera.

Vaya con el desparpajo y el mando que tiene aquí esta chica. Seguramente estará hace mucho tiempo. La casa parece bonita y es de baldosa. Se ve bien por los lados, aunque hay una alfombra ancha. A lo mejor en alguna habitación tienen piso de madera, pero no es lo mismo; lo peor es cuando hay que sacarle cera a todo el pasillo. Claro es que a ella es muy posible que la quieran para la cocina, porque la doncella parece esta otra chica. En la frutería no se lo han sabido especificar, y ella tampoco se anduvo preocupando mucho, porque no está la cosa para remilgos. Entró a comprar una naranja y preguntó si sabían de alguna casa. Le dijeron que en el treinta y dos de la misma calle, que eran sólo cuatro de familia y que daban buenos sueldos. A la misma frutera le dejó la maleta y se vino para acá corriendo. Vaya una suerte que sería colocarse pronto, no tener que ir a quedarse ni siquiera una noche en casa de la tía Ángeles. A lo mejor esta misma noche ya puede dormir aquí. Dormir. Dormir. El ruido del tren se habrá ido alejando y sólo quedará como un tamborileo calle abajo. Dormir. Estar colocada. A lo mejor esta misma noche.

Concha se mira insistentemente las puntas de los zapatos. ¿Se habrá ido la otra chica? Encima de esta alfombra tan gorda no se deben sentir las pisadas, seguramente se ha ido. Pero alza los ojos y la ve un poco más allá, colgando un abrigo en el perchero. En este momento se ha vuelto y mira a Concha. Se acerca.

–¿Cómo se llama usted?

–Concha. Concha Muñoz.

–Yo me llamo Pascuala, pero me dicen Pascua, porque es más corto y más bonito. ¿Ha servido más veces?

–Sí, hace tres años. Luego me tuve que volver al pueblo porque mi madre se puso mala.

–¿De qué pueblo es usted?

–De Babilafuente.

Pascuala se da cuenta de que le tendría que preguntar qué tal está ahora su madre, pero no se atreve a hacerlo. La chica viene completamente vestida de negro y se le marcan mucho las ojeras tibias, recién surcadas, en vivo todavía.

–Babilafuente, Babilafuente..., eso cae por Salamanca, ¿no?

Concha suspira.

–Sí, por allí cae.

Vuelve a bajar los ojos. Al decir que su pueblo cae le ha parecido verlo rodar por los espacios como a una estrella desprendida, lo ha vuelto a sentir dolorosamente perdido, hecho migas, estrellado contra el suelo. La estación, la fuente, la era, las casas gachas y amarillas de adobe, el ladrar de los perros por la noche, los domingos, las bodas, el verano, la trilla. Todo borrado, desaparecido para siempre.

–¿Tiene usted familia aquí?

–Sí, pero como si nada. Una tía segunda. Todas las veces que he venido me coge a desgana y como de limosna. Muy apurada tengo que verme para volver allí. Cuando lo de mi madre se ha portado tan mal. Pascuala comprende que no tiene más remedio que hacer la pregunta:

–Su madre, ¿ha muerto?

–Sí, hace tres semanas.

–La acompaño en el sentimiento.

Concha siente que se le inflan los ojos de lágrimas. Levanta la cabeza y mira a la otra. Por primera vez habla violentamente, a la desesperada, como si diera patadas y mordiscos, como si embistiera. Busca el rostro de Pascuala, sus ojos, y quisiera verlos bañados por su mismo llanto.

–Me he quedado sola en el mundo, sola, sola. Ya ve usted. Dígame lo que hace una mujer sola, sin el calor de nadie. Aunque la madre esté enferma, aunque no dé más que cuidados. Pero una vuelve a su casa y sabe que tiene su sitio allí esperando. Y cierra una las puertas y las ventanas y se está con su madre. Y si se comen unas patatas, se comen, y si no, no se comen. Pero está una en su casa, con los cuatro trastos que se han tenido siempre. Antes, cuando vine a servir la primera vez, me gustaba venir a la capital, pero es porque sabía que siempre tenía el pueblo detrás de las espaldas y que, al primer apuro, me podía volver con mi madre, y que iría por las fiestas y tendría a quien escribir. Así es muy fácil hacerse la valiente y hasta decir que está una harta de pueblo y que no quiere volver nunca. Ahora he tenido que vender el cacho de casa y, con las cuatro perras que he sacado, por ahí sí he tenido para pagar las deudas y venirme. No tengo a nadie, nadie me ha ayudado; seguramente valía más la casa, pero a una mujer sola siempre la engañan. Tan sola qué voy a hacer, fíjese, tan sola como estoy.

Le tiemblan las palabras, se le atropellan, y le corren lágrimas en reguero por las mejillas enrojecidas. Pascuala se acerca y se sienta en el banco a su lado. Le alarga un pañuelo que saca de la manga.

–Vamos, no llore más. Ojalá se pueda quedar aquí. Ande, séquese los ojos. No tenga esa cara para cuando la vea la señorita. Qué le vamos a hacer, mujer. Lo que Dios mande.

Han llamado a la puerta. Pascuala se levanta y va a abrir. Es un hombre con una cesta llena de comestibles. La descarga en el suelo.

–Vaya, ya era hora de que vinieras. No, no. No la dejes. Éntramela a la cocina, que pesa mucho. Y cierra, hijo. Vaya un frío.

El hombre vuelve a coger la cesta y sigue a Pascuala por el pasillo. Pasan por delante de Concha. Pascuala dice:

–¿Quiere venir a esperar a la cocina, que estará más caliente?

–No, no, gracias. Estoy bien aquí.

Ellos se meten por unas cortinas que deben dar a otro pasillo. Le parece a Concha que quedándose aquí, al lado de la puerta, la verán todos al entrar y al salir, y es más difícil que se olviden de ella. Ahora que está sola, se seca bien los ojos a restregones y se promete a sí misma no volver a llorar delante de extraños. Esta chica la ha oído con simpatía y compasión, pero, después de todo, a nadie le importa de las cosas de uno. Llorar es perder el tiempo. Nada más que perder el tiempo.

Casi se hace daño de pasarse tan fuerte el pañuelo por los ojos. Luego se suena, y lo guarda hecho un gurruño húmedo en el hueco de la mano. Dentro de una habitación un reloj da doce campanadas. Que no tarden, por Dios, que no se olviden de ella. También la señorita ya podía acabar con lo que estuviera haciendo. Piensa si su maleta estará bien segura en la frutería. La mujer no puso muy buena cara, parece que no tenía ganas de guardársela. Como si la maleta le fuera a estorbar allí para algo. Le dijo: «Bueno, pero si no vuelves pronto, no respondo». ¿Se la robará alguien? La dejó bien escondida, detrás de un cesto de limones, pero había tanto barullo en la tienda. Por los retratos lo sentiría, casi sólo por los retratos. Más de lo que ha perdido ya no lo puede perder.

Enfrente, detrás del perchero, hay un tapiz grande en colores verdes y marrones representando una escena de caza. Aparecen allí unos señores vestidos muy raro, como antiguos, y uno de ellos tiene cogido un ciervo por los cuernos y se ríe. Esta casa tiene que ser muy rica. Todas las sillas están tapizadas de terciopelo. Concha mira también los cuadros y la lámpara de cristalitos colgando. Se pregunta si todo esto le llegará a ser familiar, si ya mañana mismo y todos los días que sigan pasará delante de ello sin mirarlo más que para quitarle el polvo, sin que le extrañe su presencia. Ella se piensa portar muy bien. A lo mejor se hace vieja en esta casa, pisando por encima de esta alfombra, abriendo y cerrando estas puertas que ahora no sabe siquiera a qué habitaciones corresponden.

Las puertas son de cristal esmerilado. Detrás de la primera, según se entra de la calle, ve ahora Concha la silueta de un niño que se empina para alcanzar el picaporte. Se ve que le cuesta mucho trabajo llegar, pero por fin logra abrir y sale. Es un niño como de cinco años. En la mano izquierda lleva unos cuadernos y unas cajas de cartón. Los sujeta contra la barbilla y saca la lengua muy apurado, mientras trata de volver a cerrar la puerta con la mano libre. Ve a Concha y se sonríe, como tratando de disimular su torpeza.

–Es que no llego. Ven.

La caja de más arriba se le está escurriendo. Concha se levanta y le coge todas las cosas. Luego cierra la puerta. El niño la mira, contento.

–Ya. No se ha caído nada. Tenlo un poco todavía, que voy a abrir allí. Ven.

Ha echado a andar por el pasillo y ella le sigue. Se para delante de la puerta siguiente. Otra vez se empina.

–Aquí. Ahora aquí.

Concha adelanta el brazo y baja el picaporte. Luego le da al niño los cuadernos y las cajas.

–Toma, guapo. Entra, que ya cierro yo.

El niño va a entrar, pero se vuelve. Alza la boca, como para dar un beso. Concha se agacha un poco y pone la mejilla. Luego cierra la puerta y se vuelve al banco de madera. La habitación parecía un cuarto de estar, pero no se ha fijado en lo de la baldosa. No ha visto a nadie dentro. El niño, qué rico es. A Concha le gustan los niños. Si se quedara en la casa seguramente llegaría a quererle mucho. Le gustaría quedarse en la casa.

Se oyen pasos y risas por el otro pasillo. Sale Pascuala seguida por el hombre de los ultramarinos, que ya trae la cesta vacía.

–Sí, claro, qué listo. Y un jamón.

–Nada de listo. Ya verás cómo hablo yo con tu novio

–Lo menos.

–¿Qué te apuestas?

–Vamos, quita.

Han llegado a la puerta.

–Adiós, y que te alivies.

–Adiós, preciosidad.

–Entonces, ¿no sales el domingo?

–Sí, pero no contigo. Qué más quisieras.

–Mala persona, orgullosa.

–Anda, anda, adiós. Vete de una vez.

Concha está muy triste y se vuelve a poner nerviosa acordándose de la maleta. ¿Serán ya las doce y cuarto? Cuando Pascuala cierra la puerta de la calle, alza los ojos y le pregunta:

–Por favor, ¿cree usted que tardará mucho la señorita?

–Ay, hija, según se dé... Calle, parece que ahora suena el timbre de casa. Debe de ser ella. Espere.

Pascuala llama con los nudillos a la misma puerta por

donde el niño acaba de entrar. Luego la abre y se queda en el umbral, recibiendo una orden que desde fuera no se entiende. Vuelve la cara y le hace una seña a Concha para que se acerque. Concha se levanta y va. El corazón le late fuertemente. Pascuala se retira para dejarle paso.

–Aquí está la chica, señorita. Ande, entre usted, mujer.

Concha avanza unos pasos.

–¿Da usted su permiso?

Pascuala ha cerrado la puerta y se ha ido. Concha, de pronto, se siente desamparada y tiene mucho miedo. De no saber qué decir, de echarse a llorar como antes. La señorita está sentada a la camilla, delante de un balcón que hay al fondo. Tiene unos ojos claros, bonitísimos, los más bonitos que ha visto Concha, y el pelo muy rubio. A ella le desconcierta que sea tan guapa. Menos mal que está el niño también, sentado enfrente, al otro lado de la camilla, delante de sus cajitas y sus cuadernos. Los dos han levantado la cabeza y la miran fijamente. La mirada de la señorita le produce a Concha mucho malestar.

De un solo recorrido los ojos azules han formado su juicio. «Vaya, de las que no han perdido el pelo de la dehesa. Qué facha, Dios mío. Qué pies, qué permanente. Atroz, impresentable. De quedarse tiene que ser para la cocina.»

–Pase, pase usted. No se quede ahí, a la puerta.

«Tal vez limándola, arreglándola un poco...» La chica se acerca. Los ojos azules van de un desaliento a otro. Ahora se detienen en el abrigo parduzco, recosido, dado la vuelta, apurado por los codos, teñido varias veces, heredado de alguien que ya lo desechó cuando era muy viejo. Todavía conserva de su antiguo esplendor algunos cortes y adornos sin sentido. Esta chica va a ser de las que hay que vestir de arriba abajo. Aunque quizá convenga más si, en cambio, es desdolida para el trabajo. Seguramente tendrá pocas pretensiones y no le importará ir cargada a la calle con cualquier clase de paquetes. Cargada con lo que sea, sin cansarse, sin protestar, como tiene que ser una criada. Estas cerriles tienen casi siempre esa ventaja.

–¿Usted entiende de cocina?

Concha siente un alivio enorme al oír hablar a la señorita. Si se queda callada un rato más no lo hubiera podido soportar. Traga saliva y contesta atropelladamente:

–De cocina no mucho, señorita. Bueno, lo corriente, lo que se sabe en los pueblos. Pero yo puedo aprender a lo que sea. Antes he estado siempre de doncella.

–¿Dónde ha servido usted?

–Primero allí, en el pueblo, con unos señores. Luego vine a Madrid y estuve en una casa.

–¿Cuánto tiempo?

–Seis meses.

–Y ¿por qué se salió?

–Porque mi madre se puso mala y me tuve que ir a cuidarla. No me tenía más que a mí.

–¿Cuánto tiempo hace de eso?

–Tres años.

–¿Tres años ha estado mala su madre? Qué raro.

Concha siente otra vez mucho desasosiego. No sabe cómo dar pruebas de lo que dice. Contesta mirando de frente, con amargura:

–Era cáncer. Usted habrá oído hablar. Una enfermedad muy larga.

Hay una leve pausa.

–Entonces, ¿a usted no la importaría quedarse para la cocina?

–Yo, como usted diga.

–Bien, y de sueldo, ¿qué?

–En la otra casa ganaba veintiún duros.

–¿Se conforma con eso?

–Sí, señorita.

En los ojos azules hay un imperceptible parpadeo. Después de todo, puede tener ventajas esta chica. Todas las que han venido a pretender pedían doscientas pesetas.

–Bueno, pues vuelva usted. Pediré los informes.

A Concha se le viene el mundo encima.

–¿Volver? Ay, señorita, si pudiera pedir los informes ahora. En la casa donde estuve tenían teléfono. Se llaman Ortiz, en la calle de Cervantes. Podía usted llamar.

La señorita la mira. Cada vez que la mira, a Concha le dan ganas de desaparecer, de marcharse a la tierra con su madre.

—¿Tanta prisa tiene?

Concha siente deseos de contarle lo de su tía, lo de su madre, lo de su pueblo, todo lo que le aprieta el corazón, lo que está taponándole el aire que respira. Pero se contiene a tiempo y se limita a responder:

—Lo digo por no trotar más casas y porque tengo abajo la maleta. Como parece que nos hemos entendido, si le gustan los informes me puedo quedar ya.

La señorita se ha levantado y está a su lado ahora. Qué bien huele a colonia.

—Bueno, vamos allá. Espere aquí un momento. Dice usted que Ortiz.

—Sí, Ortiz. En la calle de Cervantes.

La señorita se dirige a una puerta lateral que comunica con otra habitación. Con la mano en el pestillo, se vuelve.

—Ah, se me olvidaba. ¿Cómo se llama usted?

—Concha Muñoz, para servirle.

—Está bien; ahora vuelvo. Fernandito, tú no te muevas de ahí.

Deja la puerta entreabierta y desaparece. El niño la mira irse con ojos asombrados. Él, ¿por qué va a moverse de aquí, si está tan a gusto al brasero pintando de colores sus mapas? A mamá casi nunca se la entiende. Se alegra de haberse quedado solo con la chica nueva, que todavía no ha visto sus cuadernos. Le hace una seña para que se acerque.

—Mira, ven. ¿A que no sabes lo que estoy pintando en ese cuaderno?

En la habitación contigua, a través de la rayita de la puerta, le parece a Concha haber oído el ruido de un teléfono al descolgarse, y esos golpes que se dan luego a la rueda, metiendo un dedo por los agujeritos de los números. Todo su cuerpo está en tensión, esperando. Se acerca a la camilla y mira los cuadernos del niño con ojos distraídos. Tiene abiertos tres o cuatro, y alrededor hay diseminados muchos lapiceros.

—¡Huy, qué bonito!

—Es el mapa de España. Mira, este cachito que estoy pintando de verde es Barcelona, y ahí nací yo. Tú, ¿de dónde eres?

—Yo, de la provincia de Salamanca.

—¿Dónde está?

Concha señala al azar por un sitio cualquiera. Mueve el dedo sobre el mapa, abarcando un pedazo muy grande.

—No sé. Por ahí...

En la habitación de al lado ya ha empezado la conversación telefónica. Se oye muy mal, sólo pedazos sueltos. A Concha le parece oír su nombre. El niño no deja de hablar.

—¿De qué color quieres que lo pintemos?

—De amarillo.

—¿Con éste, o con este más oscuro?

—Con el que tú quieras.

El niño coge un lápiz y lo chupa. Se pone a pintar de amarillo un pedazo de mapa, apretando mucho. Ahora no se oye nada. Deben estar hablando del otro lado del teléfono, o habrán ido a buscar a la señora. Ahora hablan, pero ¡qué bajo! «Muy amable..., molestia..., sí..., sí.» Ahora no se oye nada otra vez. El niño levanta la cabeza y la vuelve a la chica, que está detrás de él.

—¿Por qué no te sientas aquí conmigo?

—No, guapo, voy a esperar a que vuelva tu mamá en seguida.

—¿Te vas a quedar a vivir aquí?

—No sé. A lo mejor.

—Yo quiero que te quedes. ¿Por qué no te vas a quedar?

Concha abre mucho los ojos. En este momento ha oído clarísimamente cómo la señorita decía: «¡Qué barbaridad, por Dios!», con un tono más alto y voz indignada. ¿Por qué puede haber dicho una cosa semejante? No puedo soportarlo. Se acerca a la puerta y la cierra. Que sea lo que quiera; por lo menos este rato, mientras está esperando, quiere vivir tranquila. Se acabó.

Le tiemblan un poco las manos y las pone sobre la camilla. El niño mira la sortija gorda de hueso con un retrato desdibujado y amarillento, como los que están en los cementerios. Le pasa un dedo por encima.

—¡Qué bonita es! Yo tengo una sortija guardada. Me la tiene guardada mi mamá, pero es más fea. Yo la quería con retrato metido por dentro.

Concha está muy nerviosa. Le gustaría coger la cabeza de este niño y apretarla fuertemente contra su regazo para no sentirse tan sola, tan amenazada. Querría darle muchos besos, tenerle contra ella sin que hablase. ¿Por qué habrá dicho eso la señorita? ¿Tardará mucho en salir? Un reloj da la media. Las doce y media. En la pausa que sigue, el niño vuelve a pintar de amarillo aquel trozo de mapa por donde debe estar su pueblo; amarillo el suelo y el cielo, amarilla la casa vendida. El niño calca muy fuerte. Va a romper el papel.

—Oye, yo tengo muchos soldaditos, ¿los quieres ver?

—Sí, luego los veremos.

—Si te quedas aquí, jugarás conmigo, ¿verdad?

—Sí, guapo, claro que sí.

—¿Sabes pintar?

En este momento se abre violentamente la puerta y sale, la señorita. Pasa por delante de Concha, sin mirarla, y aprieta un timbre que hay en la pared. Luego se queda de pie, paseando. No habla. Concha siente que tiene la lengua pegada al paladar. Hace un gran esfuerzo para ser capaz de decir alguna cosa. Pone todo su empeño en ello, lo tiene que lograr. Después de todo es justo que le expliquen lo que pasa.

—Señorita...

No contesta; está vuelta de espaldas, mirando a través del balcón. Qué malestar..., pero ahora que ha empezado sí que tiene que seguir, sea como sea.

—Por favor, señorita, ¿es que le han dado malos informes?

Los ojos azules se vuelven y la enfocan de plano.

–Ah, ¡tiene usted la desfachatez de preguntármelo!...
Ahora se abre la puerta y aparece Pascuala.

–¿Llamaba usted?

–Sí, haga el favor de acompañar a esta chica a la puerta de la calle.

–¿No se queda?

–¡Qué se va a quedar! Estaríamos buenos.

Concha no entiende nada, pero a su flaqueza de hace unos instantes ha sucedido una energía desesperada y rabiosa. No se puede ir sin que le expliquen lo que sea. Éste no es el trato que hay derecho a darle a una persona. Se queda de pie, sin moverse, en el centro de la habitación. Dice con voz firme y fría, sin suplicar ni temblar:

–Perdone, pero debe haber un error. Yo, en casa de esos señores, me porté siempre muy bien, como se portan las personas decentes. Quiero saber lo que han dicho de mí.

–Ah, con que quiere usted que se lo diga. Yo creí que, al oírlo, se le iba a caer la cara de vergüenza.

La señorita está muy excitada. Hace una breve pausa y, después, casi chillando:

–Quiere usted que le recuerde que la echaron de allí por ladrona, ¡¡¡por ladrona!!! Quiere que se lo recuerde porque lo ha olvidado, porque usted no sabe nada, porque usted se fue a cuidar a su madre que estaba enferma. Cinismo como el suyo no lo he visto. ¡No lo he visto en mi vida!

La señorita se ha callado y respira agitadamente. Concha se queda mirando al vacío con unos ojos abiertos, sin parpadeo, como los de un animal disecado. Va a hablar, pero no saber decir ninguna cosa. Es tan tremendo lo que le han dicho, que le pesa como una losa de mármol, y no se lo puede sacudir de encima. Le parece que ya tendrá que andar siempre debajo de este peso que le han añadido a su saco de penas y de años. Ni siquiera se puede mover ni llorar. Se pregunta lo que habrá podido pasar, se lo pregunta como buceando en un sueño. A lo mejor un cruce del teléfono, o que ha llamado a otro número equivocado. O que había otros Ortiz en la misma calle. O quizás en la misma

91

casa donde ella estuvo la han confundido con otra Concha que entró después. Concha es un nombre muy vulgar. Piensa todas estas cosas vagamente, como si le quedaran terriblemente lejos, como si se le fueran de las manos y no las pudiera distinguir. Se da cuenta de la inutilidad de sus conjeturas, de que a esta señora no va a poder convencerla de nada, y además le será imposible llegar a reunir las fuerzas que se necesitarían para intentarlo. No merece la pena. Quiere irse de aquí.

–Ea, Pascuala. Ya pueden irse.

Sí, irse cuanto antes. Comprende que con su actitud, en lugar de justificarse ha aceptado la culpa y se ha cubierto totalmente de ella, hasta la cabeza, sin remedio. Pero le da lo mismo. Sólo siente deseos de marcharse de aquí.

Da media vuelta y sigue a Pascuala fuera de la habitación, al pasillo. Pasan por delante del banco de madera otra vez; ahora por delante del perchero y del tapiz con la escena de caza. Se acuerda de todas estas cosas, las reconoce. Ya han llegado a la puerta, se han parado. Concha levanta los ojos hacia la otra. Debía bastar con esto, así, sin hablar nada; pero se da cuenta de que tiene que decir alguna cosa ahora, lo que sea, de cualquier manera, porque si no, no se podría ir.

–Se ha debido equivocar con otra casa. Todo lo que ha dicho es mentira –afirma débilmente, como para oírlo ella misma.

Luego, sin esperar respuesta, sin pararse a recoger la respuesta en los ojos incrédulos de la otra, abre la puerta y va a salir. Oye que Pascuala le dice:

–Oiga, mi pañuelo; se lleva usted mi pañuelo. Concha lo encuentra sudoroso, arrugado y pequeñísimo en el hueco de su mano. Lo saca de allí y se lo da a Pascuala, sin añadir una palabra más. Después, secamente, la puerta se ha cerrado a sus espaldas.

En el cuarto de estar, Fernandito le pregunta a su madre:

–Mamá, ¿va a volver Concha?

La madre está leyendo un periódico. No contesta nada.

–Mamá, que si va a volver Concha, que si va a volver, que yo quiero que vuelva...

Los ojos azules se levantan distraídos, clarísimos.

–¡Ay, qué dices, hijo! Me duele la cabeza.

–Que si va a volver Concha.

–¿Qué Concha?

El niño lloriquea.

–Concha, Concha. La chica que se ha ido.

–¡Qué niño tan estúpido! ¿Para qué la quieres tú? No va a volver, no. Déjame en paz.

El niño se escurre de la silla y se arrima al balcón. Pega las narices al cristal, que está muy frío, y se queda allí, esperando. Ve a Concha que sale del portal y que cruza a buen paso a la otra acera. Allí se ha parado un momento y mira a los lados para orientarse. Está pensando que son las doce y media, que tiene que ir a la frutería a recoger su maleta, que hasta la noche hay todavía tiempo de buscar. Que tiene que olvidarse de lo que le ha ocurrido en esta casa, olvidarse de todo. Se sube el cuello de su abriguillo teñido y toma por la izquierda, calle abajo. El niño la va siguiendo empeñadamente con los ojos, a través del vaho que se le forma en los cristales al respirar tan cerca. Ya casi no la ve, es sólo un punto negro entre la gente. Ha empezado a nevar.

Madrid, marzo de 1954

La oficina

Era Matías Manzano un hombre adormecido, maquinal. Se había acostumbrado a quitar las hojas del calendario, a bostezar, a ponerse bufanda, a oír cómo le daban los buenos días sus compañeros de la oficina y cómo contestaba él; a verse siempre delante, encima de los papeles de la mesa, como reflejadas, unas manos postizas, rutinarias, enjauladas, unas manos que le venían grandes. Se había acostumbrado, sobre todo, a sentir que a su nombre se le iban desgastando las esquinas como a un viejo canto rodado.

–Manzano, páseme esos expedientes.

–Manzano, llame al Banco Central.

Manzano, Manzano, Manzano... Eran como de fantasmas aquellas voces que le perseguían y danzaban siempre alrededor de él. Y detrás de las voces se enganchaba el ruido de los pasos, el tecleteo de las máquinas, el timbre del teléfono, que no paraba nunca de sonar. Algún día, de pronto, él sentía deseos de escaparse. Imaginaba el silencio de alguna calle lateral, muy solitaria, por donde había pasado un domingo por la tarde, y sólo con acordarse creía descansar. Sin embargo, esta calle podía ser muy vulgar, no significar nada, pero así recordada, desde la oficina, parecía tener en alguna parte una ranura por donde mirar más lejos, afuera. Después de estos paréntesis fugaces y espaciados, el trabajo seguía más de prisa. Le amurallaban cientos de papeles añadidos de un día para otro, enhebrados, que nunca tenían fin. Sólo aquellos papeles existían: él era responsable de tan graves asuntos, de tan fenomenales cifras de dinero. Manejaba todo aquello sin saber por qué, como si estuviera pintado dentro de un cuadro y no pudiera salirse. Día tras día, año tras año, llegaba el primero a la oficina, con su traje marrón y su corbata de lazo, como haciendo las veces de otro.

«¡Qué bien cumple este Manzano!», se decía complacido el señor Tortosa, de la Inmobiliaria Tortosa, S. L. Y hasta había decidido subirle el sueldo, a pesar de que él nunca lo pidió. Pero precisamente porque él nunca lo pedía, fue una de esas decisiones que siempre se tienen en la mente sin llevarlas a cabo y que se van dejando de un mes para otro. Y así, cada una de las veces que el señor Tortosa se decía «Este chico merece que yo le suba el sueldo», su conciencia se quedaba tranquila para una temporada, como si ya se lo hubiese subido.

El rostro del señor Tortosa carecía de expresión habitualmente, pero podía adaptarse con extraordinaria rapidez a un molde cualquiera. Así podía aparecer sucesivamente afable y cordial, grave, resuelto, irritado, según el asunto de que se tratase, siempre dentro de los límites de la mayor mesura. El señor Tortosa hablaba en letras mayúsculas, las mismas para cada vez, pero barajadas de distinta manera, como en los titulares de los periódicos: «...Dignidad profesional», «bien entendido», «opinión que respeto». Cuando se quedaba solo, el señor Tortosa inflaba, encorsetaba, adiestraba su ejército de letras mayúsculas, se organizaba con ellas, ensayaba ataques y contraataques. Mientras fingía escuchar a otro que le estaba hablando, perfeccionaba los palotes de sus letras mayúsculas, pendiente de que al soltarlas no se le fueran a salir de la fila. Y nunca se le salían ni temblaban. Cosa de la imprenta. Los demás se estrellaban contra aquella procesión terca, perfecta de las letras mayúsculas; y hasta les gustaba –a los más– verlas salir así, tan tiesecitas y modosas, tan bien imitadas, como si respondieran a algo vivo, y se embobaban con la amabilidad de aquel señor.

Matías, después de bastante pensar, había decidido que el color que le correspondía a su jefe era un azul cobalto. Se distraía poniéndole colores a la gente. Así, por ejemplo, la señorita Mercedes, la mecanógrafa, era entre gris y pardo, de color pluma de perdiz. La señorita Mercedes se sentaba a trabajar en la mesa de enfrente a la de Matías y llevaba los labios pintados por fuera de su sitio. Matías miraba estos falsos labios rojísimos de la señorita Mercedes, y a veces seguía la raya donde parecían terminar los de verdad, imaginando la expresión diferente que darían al rostro. Siempre estaba acariciando la tentación de quitarle la pintura sobrante con un trapito mojado en aguarrás. Si ella se dejara, daría tanto gusto hacerlo. Y se lo quitaría despacio, sin daño ninguno.

La señorita Mercedes, Mercedes García, tan formalita y tan mona, medio empotrada siempre entre un clasificador de tapa ondulada que se bajaba haciendo mucho ruido, y el gran fichero verde, a nadie daba pie para confianzas.

–Vaya, es usted tocaya de la máquina –le decían algunos, cuando sabían su nombre.

–Sí, señor; ya ve usted –contestaba ella sin entusiasmo ninguno ni levantar la cabeza del trabajo más que lo poquito que requería la buena educación.

–Hija, qué parada eres. Tú me parece que te vas a quedar para vestir santos –le repetía muchas veces su amiga.

Mercedes, como todas las mecanógrafas, cuando no les ha salido novio todavía, tenía su amiga íntima que solía llamar por teléfono a eso de las seis.

–¿Está Mercedes?

–Sí, un momento. ¡Señorita Mercedes!

El teléfono estaba sobre la mesa de Matías, y era él quien lo cogía y la avisaba. Mercedes se levantaba casi aun antes de sentirse llamar, como para ser menos vista, y cruzaba la habitación con las manos colgando. Le parecía que hablaba demasiado alto y que todos se callaban para mirarla a ella. La conversación con su amiga era muy breve y se componía en gran parte de monosílabos, que variaban poco de unos días a otros. Se ponían de acuerdo sobre la hora en que iban a salir de sus respectivos trabajos, sobre si podían verse o no aquel día y dónde era mejor. Cuando una de ellas se salía de este tema y quería contar algo más largo, le cortaba la otra en seguida:

–Sí, bueno. Hasta luego. Tengo mucho que hacer. Mercedes colgaba el teléfono y le decía a Matías:

–Muchas gracias, Manzano.

Y él respondía:

–Nada...

Así todos los días. Quizá la primera vez que Mercedes le dijo esto, lo hizo espontáneamente; tal vez agradeció que no hubiese posado el auricular en la mesa y se lo alargara con su propia mano, como si fuese una carta; seguramente entonces acompañó con un gesto afectuoso aquellas tres palabras llenándolas del significado que tenían. Por ahora ya no podía escoger entre decirlas y dejarlas de decir. Ese primer día quién sabe dónde estaba. Dar las gracias a Matías Manzano al acabar de hablar por teléfono se había convertido para ella en una pieza inevitable, ni más ni menos importante que cualquier otra de las que integraban el engranaje de aquella oficina y mantenían su buen funcionamiento.

Al anochecer, antes de volverse a casa, Mercedes y su amiga se juntaban para dar una vuelta. Desembocaban en las calles del centro, se alistaban a su complicado abejeo, sorteando motocicletas, camiones, cieguecitos; se entretejían en el incierto fluir de la gente, como si se echaran en una crepitante hoguera a formar parte de su resplandor. Eran calles de altivos edificios iluminados con luz fluorescente, edificios sin risas ni descarnaduras, sin muchachas asomadas, sin persianas verdes ni jaulas de canarios. Edificios valorados en millones de pesetas, gravados con hipotecas, descritos en expedientes y legajos, acechados con codicia por importantísimas firmas sociales que después los poseían ávidamente, como a mujeres en venta. La gente se echaba a estas calles con los ojos expectantes, abiertos como puertas por ver si les entraba alguna imagen nueva con que amasar su sueño de aquel día. En los miles de pares de ojos se detenía el reflejo chillón, insistente, de los letreros luminosos, y parecían lágrimas verdes, rojas, azules, a punto de resbalar. Zumbaban las ruedas, los motores, los voceadores de periódicos, los silbatos, las cafeterías; y los rostros atónitos se agolpaban como racimos dentro de los espejos, en las reverberantes lunas de los escaparates de lujo, donde abubillas y garzas disecadas traían en el pico un largo guante malva, una sandalia dorada o un encendedor de zafiros. El cielo se replegaba perseguido por luces, bocinas y antenas, herido contra el filo de altísimos aleros, tupido, estrangulado por el vaho rojizo de los anuncios, y corría en zigzag hacia las afueras.

Mercedes se cansaba:

−¿Nos vamos para casa?

−¿Tan pronto?

−Mujer..., para lo que estamos haciendo. Yo tengo sueño.

Los domingos por la mañana, cuando hacía bueno, iban de paseo al parque. Caminaban perezosamente, del brazo, mirándose los pies, las ramas de los árboles, el iris de la manga riega. El parque era como una gran isla de sol y de silencio cercada de cables, de casas, de tranvías. Un día se encontraron a Matías allí. Estaba sentado en el banco de una alameda lateral, un poco oculta, y tenía en la mano unos trozos de miga de pan. Los deshacía despacio entre los dedos, y tímidamente acudían los pájaros, a brinquitos. Había hasta una docena de pájaros alrededor de sus pies, y uno más atrevido había volado al banco de madera y estaba allí encaramado encima de un libro y unos periódicos, mirando con susto a Matías, que extendía hacia él la palma de su mano izquierda llena de miguitas. Una raya de sol, filtrada al menearse los árboles del paseo, se balanceaba sobre su cabeza inclinada, sobre su pelo despeinado y oscuro.

Mercedes le iba a haber dicho a su amiga: «Mira, ése es Manzano; uno de mi oficina», pero luego le pareció tan poco importante que no dijo nada. Pasaron de largo y él no las vio.

Lo mejor era los sábados por la tarde, y algún día entre semana, cuando iban al cine. Allí mismo, atravesando la calle había un cine; y otro pegando con la oficina, pared por medio. Parecía mentira lo cerca que estaba, lo fácil que era ir. A Mercedes le hubiera gustado tener que preparar un largo viaje y ponerse un vestido completamente distinto, despedirse de todos como si nunca fuera a volver. Se extasiaba con las películas en tecnicolor, de caballos rojizos vadeando ríos, de persecuciones y galopadas, de lejanas montañas tan verdaderas, de carros trashumantes avanzando torpemente a la luz de la luna. Historias de tiros, de indígenas, de cabarets, de naufragios, de mujeres fascinantes que cantan con collares de flores, de hombres duros y arrojados, de muerte y contrabando, de barcos piratas, de amores inconmensurables. Cuando el más alto escapaba de todos los peligros y llegaba, por fin, a besar a la muchacha, se encendían las luces bruscamente, empezaba a chillar una gramola, y era que las echaban. Estaban en un local mal iluminado, que olía a ozonopino, donde se paseaban como fantasmas dos o tres niños arrendados que pregonaban chicle y patatas fritas.

–¿Vamos? –le decía su amiga, levantándose.

Mercedes sentía una sorda irritación que se le enconaba al no saber contra quién dirigirla. Miraba con ojos rencorosos la pantalla, que era sólo una sábana estirada, y se revolvía contra aquella estampada y fría blancura igual que un toro engañado al embestir, ávido de sangre.

–¡El viejo, qué bien trabaja! Es el que hacía de comisario de policía en *La noche de asfalto*. ¿Te acuerdas?

–Sí, ya me acuerdo.

Salían poniéndose los abrigos al frío, a la calle, a la luz, a la rueda de siempre.

Todas las noches, antes de acostarse, Mercedes se ponía

los bigudís delante del espejo del lavabo. Aunque estuviera muy cansada, nunca se acostaba sin ponerse los bigudís. Lo hacía casi sin mirar, partiendo el pelo en zonas que envolvía muy de prisa en cada hierrito, como si estuviera liando pitillos. Sobre el espejo estaba la bombilla encendida. Muchas noches, al terminar su tarea, Mercedes se encerraba con pestillo en aquel cuarto y se contemplaba el rostro atentamente, con los codos apoyados en el lavabo. Un rostro ancho, pasmado, de ojos enrojecidos que no expresaban ninguna cosa, un rostro que parecía recortado en cartón. Lo miraba como si lo viese cada noche por vez primera, y necesitaba concentrarse trabajosamente para sentir de verdad que le pertenecía. Durante mucho rato se miraban los ojos de fuera y los del espejo se buscaban hasta acercarse y fundirse. Y los de dentro, pronto tenían a flor el hilo del llanto. Al menor temblor de pestañas, la primera lágrima caía, dejando una huella seca y ardiente en la piel de la mejilla, un cauce tirante de sed que pedía más lágrimas. Era algo necesario y natural, como la lluvia. Lloraban largamente los ojos de Mercedes, sintiendo la compañía de aquellos otros ojos del espejo, que por fin la habían reconocido.

Los clientes que venían a la oficina se clasificaban en dos categorías muy bien definidas: los que pasaban al despacho del jefe y los que no llegaban a verle jamás. Se les distinguía sólo con verlos. Entraban los del primer tipo con el paso seguro, la mirada resuelta y arrogante. Se sentaban sin que nadie les invitase a hacerlo, abrían con parsimonia una pequeña cartera que traían en el bolsillo, y buscaban allí su tarjeta de visita. La sacaban, la tendían con indolencia. Eran tarjetas blancas y primorosas, impresas algunas en letras de relieve que se notaban al tacto, y podían llegar a tener hasta tres direcciones distintas con sus tres teléfonos para cada solo nombre. Mientras un empleado pasaba estas tarjetas al despacho del señor Tortosa, ellos se distraían hojeando un pequeño bloc y tachando las cosas importantes que llevaban hechas aquella mañana.

Cuantos más apellidos y direcciones tenía la tarjeta, más pronto volvía el empleado:

–Que tenga usted la bondad de pasar.

Al salir saludaban con una alta sonrisa. Eran personas correctas e insolentes, exhibidas detrás de sus apellidos que les protegían de cualquier contacto, como fanales de cristal. Los clientes del segundo grupo se quedaban en la puerta antes de entrar, mirando con temor y desconcierto las ocho mesas que había en la habitación, como echando a suertes mentalmente para saber a cuál se dirigirían, o tal vez esperando a que de alguna de ellas se alzaran unos ojos, invitándoles a pasar. Siempre venían a preguntar alguna cosa que no sabían explicar bien y se enredaban en largas y confusas historias. Se atropellaban fatigosamente, deseando acabar, y parecían seguros de estar equivocados; hablaban mirando a las carpetas y los teléfonos y lo que iban diciendo se les enfriaba. Los rostros de estos clientes se repetían con frecuencia. Muchos volvían dos o tres veces para cada cosa, porque no se enteraban bien a la primera y les daba vergüenza pedir que se lo explicaran nuevamente. Además, como no tenían tarjeta, les exigían instancias y certificados de otras oficinas para acreditar su personalidad. Se les gastaba todo el día rodando de ventanilla en ventanilla, de mesa en mesa, pidiendo firmas y avales, rellenando impresos, pegando sellos móviles, escribiendo que su padre se llamaba Manuel y su madre Josefa, dando las gracias.

Estos clientes del segundo grupo nunca dejaban propina. Las propinas de los clientes buenos se recogían y repartían con arreglo a los sueldos; es decir, que al que tenía mayor sueldo le tocaba mayor parte de propina, no al contrario.

Estar en la oficina era para Matías Manzano como viajar en un trolebús al lado de personas de las que nada se sabe sino que van por azar a la misma parada. Siempre andaban de broma los compañeros, poniéndose motes unos a otros, riñendo al chico de los recados, comiendo bocadillos de chorizo. Y, sobre todo, la conversación. En cuanto uno levantaba la cabeza de los papeles, ya estaban los demás en guardia, dispuestos a tenderle apresuradamente sus palabras, como a un náufrago. Se quedaban en mangas de camisa para darse mayor confianza, hablaban de sus comidas, de sus aficiones, de sus novias, como por obligación. Los lunes se discutía de fútbol con todo el que entrara por la puerta, que quisiera que no. Daban diversas versiones del partido del domingo, pero hablando cada uno por su cuenta, sin que nadie escuchara a nadie, porque así tiene que ser. Hacían dibujos con tinta en el cristal de las mesas, se tiraban de la manga unos a otros exigiéndose mutua atención, ardían al tiempo todos los explicoteos. A Matías, en los casos extremos, le ponían de árbitro en las discusiones.

–Pero juzgue usted, Manzano. A ver lo que dice Manzano.

Y él, como todos le miraban, decía que sí, que puede ser, que seguramente... Le miraban con pena y extrañeza, igual que a un niño terco que no quiere jugar con los demás.

Al salir del trabajo, Matías cogía el Metro y se iba a casa. Era la misma línea que solía tomar la señorita Mercedes, y se bajaba en una estación anterior a la suya, porque vivían bastante cerca, aunque nunca lo supieron. Alguna vez hasta viajaron en el mismo vagón y entraron por la misma puerta, pero sin llegar a verse de tan apretados como iban, separados por filas y filas de rostros sufridos e impenetrables que apenas parpadeaban, de manos que agarraban cantarillas, niños pequeños, paquetes de libros, maletas, ramos de flores y fuentes de pasteles con su carta para otra persona. Todos se concentraban en los objetos que llevaban en la mano, los empuñaban con fuerza como símbolos o estandartes. Atento cada uno a no perder su objeto, a no olvidar su recado, a no pasarse de su estación.

Matías vivía solo con su madre.

–¿Qué tal por la oficina? –le preguntaba todos los días su madre con idéntico interés.

–Bien, madre. Allí... –contestaba Matías vagamente.

–No sé qué tienes, hijo. Tú estás malo. Levanta la cabeza. Mírame.

–Que no. No tengo nada. De verdad.

–No sé, mi hijo es tan raro –les contaba la madre de Matías a las vecinas–. Siempre me parece que anda malo o que está triste.

La casa de Matías era de renta antigua y tenía cuatro habitaciones. La madre de Matías recorría las cuatro habitaciones de la casa igual que cuando andaba de compras por la calle. Siempre estaba peroleando en la cocina, limpiando los dorados, fregando las baldosas, cambiando de sitio los cromos de las paredes y los tiestos del balcón, esperando la vuelta de su hijo. Cuando venía él, suspiraba, pero le gustaba más reírse. Le gustaba mucho reírse y meterle un codazo a los demás para que se rieran con ella. Le gustaba pegar la hebra y dar a cada momento el parte de lo que estaba haciendo o de lo que iba a hacer: «He abierto la ventana para que se vaya el olor de pescado frito...», «Voy a fregar el retrete...», «Me bajo a por vinagre». A la madre de Matías le hubiera gustado tener una nuera. La madre de Matías tenía su capacho de hule y todas las mujeres del barrio tenían uno. Lo sacaban colgado del brazo y se saludaban con la mano libre de acera a acera, o en la cola de la carne.

Era aquél un barrio destartalado, incorrecto y alegre. Un barrio de tabernas y solares, de taxis en descanso, de tiovivos. Las casas se levantaban a empujones y hacían montar a las calles unas sobre otras de cualquier manera.

Siempre las andaban empedrando las calles de aquel barrio. Montones de adoquines levantados, de trabajo estacionado y perezoso. Parecía que era siempre el mismo grupo de adoquines que pasaba de calle a calle, que los que quitaban de un sitio servían para remediar otro y siempre tenía que quedar algo destapado. Todas las calles salían a una plaza desnuda, redonda y tirante como un tambor. En la plaza estaba la boca del Metro, y junto a ella muchos tenderetes de avellanas, higos pasos y peladillas con los precios pinchados en un palito. Además de estos frutos secos se vendían zambombas y molinos, caretas, serpentinas, carracas, aleluyas de la Pasión del Señor, pelotitas atadas a una goma y botijos, según la época del año. En torno a estos tenderetes había mucho ruido y alegría, como si todo el barrio anduviese de fiesta.

Matías se paseaba por entre las gentes de su barrio, que algunas veces le decían adiós, miraba las hogueras que hacían los chiquillos en los desmontes, cuando llegaba el frío, andaba con las manos metidas en los bolsillos, por los barrios que recordaba de siempre, a la luz de los faroles, al socaire de aquellos muros que todavía estaban en pie, que todavía le albergaban. Él sabía que su barrio era viejo. Algunas noches de agosto lo había mirado desde su balcón, bajo la luna turbia, y le había parecido que se tambaleaba; había sentido en sí las grietas de aquellas casas que resoplaban trabajosamente, que buscaban el aire, la vida, que alzaban la cabeza a lo alto y se apoyaban unas en otras para no caer. Muchas noches, cuando se habían apagado los ruidos y las risas, Matías se asomaba para espiar la respiración de su barrio, como si se acercara de puntillas al cuarto de un enfermo para mirarlo dormir.

A la amiga de Mercedes le salió un novio linotipista y se casaron a fines de verano. Los invitados fueron a celebrar la boda a un merendero que había junto al Manzanares, con sus sillas y mesas de madera debajo de un emparrado medio seco, y organizaron un poco de baile. Era una tarde bochornosa de gordas nubes que se tropezaban vacilando, como si se quisieran caer a la tierra. Mercedes pidió un helado de limón, pero luego le sirvieron *cup*, porque habían hecho mucho y todos lo tomaban. Sabía a sidra y tenía trocitos de plátano flotando. Cada vez venía más gente y, como aquello era pequeño, no se cabía para bailar. La música de la orquesta se confundía con otras músicas de altavoces que venían de las casetas de tiro al blanco que había al otro lado del río. También se oían rachas de risas y el chocar de los cochecitos eléctricos. Mercedes bailó mucho aquella tarde. Casi todos le hablaban del calor. Unos brazos la soltaban, la agarraban otros, y ella sentía en su espalda el sudor de aquellas manos sucesivas, a través de la blusa de organdí. «Cómo me la deben de estar arrugando –pensaba–. Y también la voy a tener que lavar. Es una pena. El vestido azul me encogió.» Su pareja decía:

–¿Cómo te llamas tú?

–Yo, Mercedes.

–Qué calor hace, ¿verdad, Mercedes? Debíamos ir a beber algo.

–Sí.

Tenía como un humo delante de los ojos. Le mareaba el olor a churros fritos de la verbena. Algunas conocidas la saludaban desde otras mesas:

–¿Que tal lo pasas?

–Estupendo; muy bien.

A lo último se dio cuenta de que llevaba tres o cuatro veces seguidas bailando con el mismo. Era un muchacho moreno, silencioso, de ojos pegajosos y tenaces como dos tábanos. La miraba fijamente, con una mirada acre que arañaba. No hablaba una palabra. A Mercedes no le gustaba bailar con aquel chico, pero no encontraba la forma de decírselo.

Le pesaba la lengua, como de suela. Una vez fueron a apoyarse en la barandilla del merendero que daba encima del río. Ya habían encendido las luces y acudían las mariposas de noche a pegarse golpes contra las bombillas. Dentro de su cajón de cemento, el río era un reguero mezquino, avanzando apenas entre costras de eczema y porquería. Hacía un calor insoportable. De pronto el muchacho cogió a Mercedes por la cintura y la atrajo fuertemente hacia sí. Sólo fue un instante, pero ella sintió muy cerca de sus labios la respiración densa y entrecortada de aquel hombre y le subió una violenta náusea. Se desprendió bruscamente, y, metiéndose a codazos por entre los grupos espesos de parejas que bailaban, corrió a encerrarse en el lavabo. Oía los pitidos de la orquesta a través de la puerta cerrada. Por el ventanillo abierto se veía un manojo de estrellas recientes y agudas como puntas de alfiler. Mercedes apoyó la frente en el cristal del espejo y estuvo así mucho rato, sin acordarse de nada. Luego sintió los golpes que daba alguien que quería entrar. Se lavó la cara con agua fría y se marchó a casa sin despedirse de nadie.

El otoño le pilló a Matías angustiado, febril, sin apetito. Le dolía la espalda y a veces, cuando estaba trabajando, se le nublaban las imágenes de repente. Tenía que cerrar los ojos. Esto le aterraba, le daba una enorme sensación de inseguridad. ¡Qué cristal tan tenue y maravilloso el de los ojos! Sentir herido, amenazado, el cristal de sus ojos era como sentir el aviso de que algo fallaba, de que se podía derrumbar. Solamente por los ojos había salido y se había alzado alguna vez. Eran las ventanas y se habían posado allí todas las nubes y viajes, todas las luces que iluminaban su casa de tierra. «Y cuando se cieguen –pensaba Matías–, cuando lleguen a ser de tierra ellos también, uno se habrá muerto sin remedio.»

El trabajo de la oficina se empezó a volver para él agotador, como tirar de un carro. Necesitaba apartar de sí los confusos pensamientos que le asaltaban mientras había balances y sumas, pero también fijarlos en alguna parte, dejarlos a buen recaudo para reemprender el hilo después, cuando hubiera una tregua. Y así, a lo mejor se quedaba un rato mirando al vacío, repitiendo en su mente una palabra que le acosaba, como buscando sitio donde ponerla, y hasta que no la escribía ni se libraba de ella, no podía seguir trabajando. Se le llegó a hacer indispensable echarle un lazo a las ideas, no dejarse ir ninguna. Andaba desasosegado, apuntando palabras a escondidas en puntas de papeles, en trocitos de sobres, guardándose aquellos pedazos en el bolsillo, sobándolos, arugándolos con los dedos mientras sonaban las llamadas del jefe, y las del timbre de la puerta, y sobre todo las del teléfono, allí mismo, encima de su mesa, urgente, alevoso, sobrecogedor.

Lo cogía Matías medio asustado, como si le hubieran sorprendido durmiendo y bajara vistiéndose a toda prisa.

–¿Inmobiliaria Tortosa?

–Sí, señor; sí...

–Verá usted, Manzano: yo soy el señor Puig.

–Ah, ya... ¿Cómo está usted?

Y los papelitos del bolsillo se iban rompiendo, y las palabras escritas se borraban.

Casi todas las tardes, medio disimulando, tenía ocasión Matías de acercarse a la ventana, levantar el visillo y quedarse con la frente en los cristales, mirando un rato las chimeneas. La oficina estaba en un sexto piso y aquella ventana daba a un patio con sus ropas colgadas a secar, con sus desconchados, sus grietas y sus canalones. La pared de enfrente a la ventana quedaba más baja y descubría algunas azoteas y tejados de otras casas. Cada azotea con su fila de tiestos, cada tejado con su fila de chimeneas. Dos, tres, cuatro chimeneas en cada tejado. Nacían así, formando grupos, en tiestos de cemento, los tubos negros con su sombrerito encima; nacían juntos de dos en dos, de tres en tres, como plantas raquíticas. Matías se asomaba cuando estaba atardeciendo, y allí estaba siempre el triste, desparramado ejército de las chimeneas que parecían esqueletos negros contra el cielo, indeciso, lechoso, vulgar de la ciudad. Era la hora del parpadeo de las ventanas. Unas encendían la luz, otras cerraban las maderas, otras se abrían. Se veían a través de los visillos imágenes confusas de dentro de las habitaciones, y se movían en el marco de la ventana como en un ojo débil, lagrimante. Algunas mujeres arremangadas se asomaban a recoger la ropa tendida y subían por el patio voces de niños mezcladas con el ruido de motores eléctricos, de máquinas de escribir. Matías miraba las chimeneas tan quietas contra el cielo. De algunas salía un humo recto y leve, pero casi todas estaban como muertas. Él amaba aquella paz, aquella muerte de las viejas chimeneas. Miraba todo aquello como si lo quisiera penetrar. Se sentaba nuevamente a la mesa. Escribía: «chimenea».

Un día tuvo tanta fiebre que no pudo venir a trabajar. Su madre bajó temprano a la lechería y desde allí llamó por teléfono. No hacía más que decirle al que se puso:

—Si hace falta, puedo hablar con el jefe. Porque usted no será el jefe, ¿verdad?

—No, señora. Todavía no ha venido.

—Él no puede moverse en unos días, ya digo. Toda la noche con cuarenta de fiebre y delirando. No le dejo ir yo, aunque quiera. Ustedes ya le conocen, ya saben lo cumplidor que es. Porque usted será compañero suyo, ¿verdad?

—Sí, señora.

—Pues me gustaría decírselo también al jefe... Ya ve usted, toda la noche delirando. Hasta que yo le oí y me levanté. Porque él ya venía malo de largo; lo que pasa es que es sufrido y nunca se queja... Y el jefe, ¿a qué hora llega, me hace el favor?

—Depende. Pero usted no se apure, porque yo se lo diré en cuanto llegue.

—Muchas gracias. Él está tan preocupado por la oficina... Ya le he dicho yo: «No te apures, hombre; tú qué le vas a hacer. No es culpa tuya...». ¿No le parece a usted?

—Claro, claro, señora...

—Con que ya no tengo que volver a llamar. Usted se lo dice al jefe...

—Sí, señora. Descuide.

—Bueno, pues no le molesto más, que tendrá que hacer. Adiós y muchas gracias.

—Adiós, que se mejore.

Se pasaron ocho días. Claro, sí, fueron ocho. En la oficina el tiempo pasa rápido, lento, no se sabe. A los ocho días de esta conversación se recibió un sobre que traía dentro varias estampitas dobles, rodeadas de cerco negro. Tantas como empleados eran. En sus últimos delirios, Matías había contado varias veces los empleados de la oficina, y su madre le oyó y supo los que había. Tardaron bastante rato en abrir aquel sobre, porque era un día de mucho quehacer y había que terminar urgentemente varias cosas. El propio jefe había salido de su despacho para pedirles a todos que intensificaran el trabajo, que hicieran un esfuerzo, por favor. Pero, por fin, al cabo de algún tiempo, el empleado encargado de repartir las propinas y las gomas de borrar fue dejando en cada mesa uno de aquellos recordatorios.

La señorita Mercedes, que torcía un poquito la cabeza a la izquierda, vio casualmente el suyo. Iba a seguir escribiendo; le pareció un anuncio, cualquier cosa, pero se fijó bien. Representaba la Virgen Dolorosa, llorando al pie de la Cruz. Dejó de escribir, lo cogió y leyó dentro: «Rogad a Dios en caridad por el alma de Matías Manzano Fernández, que falleció en Madrid, a los treinta y tres años de edad, habiendo recibido los Santos Sacramentos. Su desconsolada madre, Juliana Fernández, ruega una oración por su alma».

Y debajo, en letra más pequeña: «Una lágrima por el muerto se evapora, una flor sobre su tumba se marchita. Una oración por su alma siempre la recoge Dios».

Mercedes cruzó los ojos enfrente, a la mesa vacía de Matías Manzano, debajo de una gotera que había en la pared.

–Sí, hombre; era uno pálido, de gafas, muy sosito, que se sentaba ahí... –le estaban diciendo los compañeros a uno que venía a cobrar la contribución.

–Eso, sí: el del traje marrón. Ya estaba algo enfermo; éste habló con su madre. Ha sido cosa de ocho días.

La señorita Mercedes no podía escribir. A la señorita Mercedes le pasaba algo extraño. Con que Matías Manzano, el muerto, tenía una madre –su desconsolada madre, Juliana Fernández...–. Treinta y tres años. Y también una edad. Era mucho más sorprendente enterarse de estas cosas que de su muerte misma. Solamente ahora, de un golpe brusco, al calor de estos datos, venía a apercibirse Mercedes de que realmente Matías había estado vivo, tal vez durante años, con su rostro allí enfrente.

«El del traje marrón, sí. Y también llevaba bufanda. La llevaba casi todo el año, hasta que entraban los calores. De cuadros. Y un día le vi en el parque, yendo con Rosaura, él solo, echándoles miguitas a los pájaros. ¿Qué pensaría allí? Pude haberme acercado. Su madre, pobrecilla, sola, sin otros hijos... Y ¿por qué miraría tantas veces mis labios?, tantas veces, es cierto.»

Se le representaba aquella mirada cobarde, de animal acorralado, que se clavaba en ella, a lo mejor, a través de la tarde, de los amortiguados ruidos cotidianos. Tal vez años. Allí enfrente. Buceando como ella en la mañana gris y soñolienta de los días, en aquella niebla que iba sumiéndoles. Sí, años. Seguramente muchos. Aunque era tan difícil acordarse.

Mercedes no volvía. «Hoy hay prisa. El jefe nos ha metido prisa.» Pero Mercedes quería acordarse de los ojos de Matías, de la primera vez que los había visto. Las máquinas ya reanudaban su ruido, lentamente al principio, como cascos de caballos al paso. Prisa, prisa. Pero ¿no puede haber un día distinto? «Una lágrima por el muerto se evapora. Por Matías Manzano se evapora.» Mercedes no volvía. Trataba de rezar. El timbre de la puerta, el timbre del teléfono. Para rezar tenía que acordarse de cuando era niña, aguijonear aquella piedad olvidada. También sería bueno localizar los ojos de Matías, acordarse por lo menos de su color. O mejor de la voz. Por ejemplo, cuando decía: «De nada...». Pero era muy difícil acordarse de algo, muy difícil rezar. Los remolinos de imágenes de todos los tiempos, que giraban, como larvas, buscando la salida, se aplastaban sin aliento contra una sucesión de frases opacas, insistentes y vacías, entreveradas como placas de acero. «Condición suspensiva...», «persona de solvencia...», «plazo de un mes...», «con el visto bueno del presidente de la expresada sociedad, don Evaristo Tortosa....» Todas las máquinas funcionaban otra vez. «Padre nuestro que estás en los cielos..., que estás en los cielos..., en los cielos...»

Aquella noche, al mirarse en el espejo, después de ponerse los bigudís, se fijó Mercedes en unas arrugitas que se le señalaban en las comisuras de la boca y de los ojos.

«Treinta y un años cumplo en diciembre –se dijo–. Ya no me casaré.» Lo decidió de pronto, firmemente. Se le impuso esta certidumbre con enorme simpleza, con una clara y terrible seguridad. Lo pensó sin amargura, y ni siquiera sintió extrañeza de no haberlo pensado hasta entonces, como si sólo aquél fuera el momento de caer en la cuenta.

La señorita Mercedes, efectivamente, no se casó. Ya lo decía su amiga. Se le pasó el momento de casarse. Podría haberse casado con Matías Manzano, años atrás, y tal vez hubieran sido bastante felices. Y también Matías Manzano podría no haberse muerto. Pero la señorita Mercedes no se casó. Y la madre de Matías, que nunca tuvo una nuera, seguía bajando a la compra, vestida de negro, con su capacho.

En la mesa de Matías Manzano pusieron a otro empleado de los antiguos. Al principio, alguna vez que lo veía levantarse, pensaba Mercedes: «Ya va a mirar un ratito el patio por los cristales...». Pero luego, al acordarse de que no era Matías, le daba un pequeño vuelco el corazón. Eso era todo. Un vuelco de un instante, que se apagaba. Esto ni siquiera era echarle de menos. Así es que, realmente, no se notaba nada, y todo siguió igual.

También ella, la señorita Mercedes García, un día se morirá sin avisar a nadie –de gripe y soledad, de cualquier cosa–, y para llenar el hueco que deje entre el fichero verde y el clasificador, pondrán un anuncio en el periódico y vendrá otra muchacha cualquiera.

Madrid, enero de 1954

La chica de abajo

¿Habría pasado tal vez una hora desde que llegó el camión de la mudanza? Había venido muy temprano, cuando por toda la placita soñolienta y aterida apenas circulaba de nuevo, como un jugo, la tibia y vacilante claridad de otro día; cuando sólo sonaba el chorro de la fuente y las primeras campanas llamando a misa; cuando aún no habían salido los barrenderos a arañar la mañana con sus lentas, enormes escobas, que arrastraban colillas, púas de peine, herraduras, hojas secas, palitos, pedacitos de carta menudísimos, rasgados con ira, botones arrancados, cacas de perro, papeles de caramelo con una grosella pintada, remolinos de blancos, leves vilanos que volaban al ser removidos y escapaban a guarecerse en los aleros, en los huecos de los canalones. Miles y miles de pequeñas cosas que se mezclaban para morir juntas, que se vertían en los carros como en un muladar.

Los entumecidos, legañosos barrenderos, cuyas voces sonaban como dentro de una cueva, eran los encargados de abrir la mañana y darle circulación, de echar el primer bocado a la tierna, intacta mañana; después escapaban aprisa, ocultando sus rostros, que casi nadie llegaba a ver. «Ya ha amanecido», se decían desde la cama los enfermos, los insomnes, los desazonados por una preocupación, los que temían que la muerte pudiese sorprenderles en lo oscuro, al escuchar las escobas de los barrenderos rayando el asfalto. «Ya hay gente por la calle. Ya, si dieran un grito, me oirían a través de la ventana abierta. Ya va subiendo el sol. Ya no estoy solo.» Y se dormían al fin, como amparados, sintiendo el naciente día contra sus espaldas.

El gran camión se había arrimado a la acera reculando, frenando despacito, y un hombre pequeño, vestido de mono azul, saltó afuera y le hacía gestos con la mano al que llevaba el volante:

—¡Tira!... Un poco más atrás, un poquito más. ¡Ahora! ¡¡¡Bueno!!!

Luego el camión se quedó parado debajo de los balcones y los otros hombres se bajaron también, abrieron las puertas traseras, sacaron las cuerdas y los cestos, los palos para la grúa. Entonces parecía todavía que no iba a pasar nada importante. Los hombres se estiraban, hablaban algunas palabras entre sí, terminaban con calma de chupar sus cigarros antes de ponerse a la faena. Pero luego todo había sido tan rápido... Quizá ni siquiera había pasado hora y media. Cuando llegaron tocaban a misa en la iglesia de enfrente, una muy grande y muy fría, donde le encoge a uno entrar, que tiene los santos subidos como en pedestales de guirlache. Sería una de las primeras misas, a lo mejor la de siete y media. Luego habían tocado otra vez para la siguiente. Y otra vez. Poco más de una hora. Lo que pasa es que trabajaban tan de prisa los hombres aquellos...

«Si me llego a dormir —pensaba Paca—. Una hora en el sueño ni se siente. Si me llego a dormir. Se lo habrían llevado todo sin que lo viera por última vez.» Claro que cómo se iba a haber dormido si ella siempre se despertaba temprano y, si no, la despertaban. Pero se había pasado toda la noche alerta con ese cuidado, tirando de los ojos para arriba, rezando padrenuestros, lo mismo que cuando se murió Eusebio el hermanillo y estuvieron velándole. Por tres veces se levantó de puntillas para que su madre no la sintiera, salió descalza al patio y miró al cielo. Pero las estrellas nunca se habían retirado, bullían todavía, perennemente en su fiesta lejana, inalcanzable, se hacían guiños y muecas y señales, se lanzaban unas a otras pequeños y movedizos chorros de luz, alfilerazos de luz reflejados en minúsculos espejos.

Cecilia decía que en las estrellas viven las hadas, que nunca envejecen. Que las estrellas son mundos pequeños del tamaño del cuarto de armarios, poco más o menos, y que tienen la forma de una carroza. Cada hada guía su estrella cogiéndola por las riendas y la hace galopar y galopar por el cielo, que es una inmensa pradera azul. Las hadas viven recostadas en su carroza entre flores de brillo de plata, entre flecos y serpentinas de plata, y ninguna tiene envidia de las demás. Se hablan unas a otras, y cuando hablan o cantan sus canciones les sale de la boca un vaho de luz de plata que se enreda y difunde por todas las estrellas como una lluvia de azúcar migadito, y se ve desde la tierra en las noches muy claras. Algunas veces, si se mira a una estrella fijamente, pidiéndole una cosa, la estrella se cae, y es que el hada ha bajado a la tierra a ayudarnos. Cuando las hadas bajan a la tierra se disfrazan de viejecitas, porque si no la gente las miraría mucho y creería que eran del circo.

Cecilia contaba unas cosas muy bonitas. Unas las soñaba, otras las inventaba, otras las leía en los libros. Paca pensaba que las hadas debían tener unas manos iguales a las de Cecilia, con la piel tan blanca y rosada, con las uñas combadas como husos y los dedos tan finos, tan graciosos, que a veces se quedaban en el aire como danzando. Paca, que se había acostumbrado a pensar cosas maravillosas, creía que a Cecilia le salían pájaros de las manos mientras hablaba, unos pájaros extraños y largos que llenaban el aire. Un día se lo dijo y ella preguntó:

—¿Sí? ¿De verdad? —y se rió con aquella risa suya, condescendiente y envanecida.

Paca y Cecilia eran amigas, se contaban sus cuentos y sus sueños, sus visiones de cada cosa. Lo que les parecía más importante lo apuntaba Cecilia en un cuaderno gordo de tapas de hule, que estaba guardado muy secreto en una caja con chinitos pintados. Paca solía soñar con círculos grises, con ovejitas muertas, con imponentes barrancos, con casas cerradas a cal y canto, con trenes que pasaban sin llevarla. Se esforzaba por inventar un argumento que terminase bien, y sus relatos eran monótonos y desmañados, se le embotaban las palabras como dentro de un túnel oscuro.

–Pero, bueno, y luego, ¿qué pasó? –le cortaba Cecilia, persiguiéndola con su mirada alta, azul, impaciente.

–Nada. No pasaba nada. Cuenta tú lo tuyo. Lo tuyo es mucho más bonito.

A ella no le importaba darse por vencida, dejar todo lo suyo tirado, confundido, colgando de cualquier manera. A ella lo que le gustaba, sobre todas las cosas, era oír a su amiga. También cuando se callaba; hasta entonces le parecía que la estaba escuchando, porque siempre esperaba que volviera a decir otra cosa. La escuchaba con los ojos muy abiertos. Durante horas enteras. Durante años y siglos. No se sabía. El tiempo era distinto, corría de otra manera cuando estaban las dos juntas. Ya podían pasarse casi toda la tarde calladas, Cecilia dibujando o haciendo sus deberes, que ella nunca se aburría.

–Mamá, si no sube Paca no puedo estudiar.

–No digas bobadas. Te va a distraer.

–No, no; lo hago todo mejor cuando está ella conmigo. No me molesta nunca. Deja que suba, mamá.

La llamaban por la ventana del patio:

–¡Paca! ¡Paca!... Señora Engracia, que si puede subir Paca un ratito.

Ella en seguida quería tirar lo que estuviera haciendo y escapar escaleras arriba.

–Aguarda un poco, hija. Termina de fregar. Que esperen. No somos criadas suyas –decía la madre.

La madre se quejaba muchas veces. No quería que Paca subiera tanto a la casa.

–No vayas más que cuando te llamen, ¿has oído? No vengan luego con que si te metes, con que si no te metes. Me los conozco yo de memoria a estos señoritos. Nada más que cuando te llamen, ¿entiendes?

–Sí, madre, sí.

La señora Engracia era delgada y tenía la cara muy pálida, como de leche cuajada, con una verruga en la nariz que parecía una pompa de jabón a punto de estallar. Cosía para afuera en los ratos libres; hacía vainicas, hacía calzoncillos y camisones. Paca había heredado sus grandes manos hábiles para cualquier trabajo, el gesto resignado y silencioso.

Mientras Cecilia dibujaba o hacía los deberes de gramática y de francés, ella le cosía trajecitos para las muñecas, le recortaba mariquitas de papel, lavaba cacharritos, ponía en orden los estantes y los libros. Todo sin hacer ruido, como si no estuviera allí. Medía las semanas por el tiempo que había pasado con Cecilia, y así le parecía que habían sido más largas o más cortas. El otro tiempo, el del trabajo con su madre, el de atender a la portería cuando ella no estaba, el de lavar y limpiar y comer, el de ir a los recados, se lo metía entre pecho y espalda de cualquier manera, sin masticarlo. Ni siquiera lo sufría, porque no le parecía tiempo suyo. Llevaba dos vidas diferentes: una, la de todos los días, siempre igual, que la veían todos, la que hubiera podido detallar sin equivocarse en casi nada cualquier vecino, cualquier conocido de los de la plazuela. Y otra, la suya sola, la de verdad, la única que contaba. Y así cuando su madre la reñía o se le hacía pesada una tarea, se consolaba pensando que en realidad no era ella la que sufría aquellas cosas, sino la otra Paca, la de mentira, la que llevaba puesta por fuera como una máscara.

Un día la mamá de Cecilia le dijo, por la noche, a su marido:

–La niña me preocupa, Eduardo. Ya va a hacer once años y está en estado salvaje. Dentro de muy poco será una señorita, una mujer. Y ya ves, no le divierte otra cosa que estar todo el día ahí metida con la chica de la portera. Es algo atroz. Bien está que suba alguna vez, pero fíjate qué amistad para Cecilia, las cosas que aprenderá.

El padre de Cecilia tenía sueño y se volvió del otro lado en la cama.

–Mujer, a mí me parece una chica muy buena –dijo con los ojos cerrados–. Ya ves cómo la cuidó cuando tuvo el tifus.

La madre de Cecilia se incorporó:

–Pero, Eduardo, parece mentira que seas tan inconsciente. ¡Qué tiene que ver una cosa con otra! Las cosas con medida. Hasta ahora me ha venido dando igual también a mí. Pero Cecilia tiene once años, date cuenta. No pretenderás que cuando se ponga de largo vaya a los bailes con Paca la de abajo.

–Sí, sí, claro. Pues nada, como tú quieras. Que vengan otras niñas a jugar con ella. Las de tu prima, las del médico que vive en el segundo...

–Yo a esos señores no los conozco.

–Yo conozco al padre. Yo se lo diré.

A lo primero Cecilia no quería. Sus primas eran tontas y con las niñas del médico no tenía confianza. Ni unas ni otras entendían de nada. No sabía jugar con ellas. Se lo dijo a su madre llorando.

–Bueno, hija, bueno. Subirá Paca también. No te apures. Las nuevas amiguitas de Cecilia venían muchas tardes a merendar y ella iba otras veces a su casa. Siempre estaban proponiendo juegos, pero no inventaban ninguno. A las cuatro esquinas, a las casas, al escondite, al parchís. Los jugaban por turno, luego se aburrían y preguntaban: «Ahora, ¿qué hacemos?». Otras veces hablaban de los niños que le gustaban a cada una, y que, en general, los habían conocido en los veraneos. Un juego hacían que era escribir varios oficios y profesiones de hombre en una tira larga de papel y enrollarla a ver lo que sacaba cada niña tirando un poquito de la punta. A unas les salía marino; a otras, ingeniero, y con el que les salía, con aquél se iban a casar. Paca, cuando estaba, nunca quería jugar a este juego.

Un día le dijo a Cecilia una de sus primas:

–No sé cómo eres tan amiga de esa chica de abajo, con lo sosa que es. Cuando viene, parece que siempre está enfadada.

–No está enfadada –dijo Cecilia–. Y no es sosa, es bien buena.

–¡Ay, hija!, será buena, pero es más antipática...

Otro día, don Elías, el profesor, le puso un ejercicio de redacción que era escribir una carta a una amiga desde una playa contándole lo que hacía, preguntándole lo que hacía ella y dándole recuerdos para sus padres. Cecilia no vaciló. Puso: «Señorita Francisca Fernández», y empezó una carta como para Paca; pero, a medida que escribía, se sentía a disgusto sin saber por qué, y después de contarle que el mar era muy grande y muy bonito y que hacía excursiones en balandro, al llegar a aquello de «y tú, ¿qué tal lo pasas por ahí?», cuando ya se tenía que despedir y decir lo de los recuerdos, se acordó de la señora Engracia y sintió mucha vergüenza, le pareció que se estaba burlando. Arrancó la hoja del cuaderno y copió la carta igual, pero dirigida a Manolita, la del segundo.

Desde que venían las otras niñas, Paca subía más tarde, y eso cuando subía, porque algunas veces no se acordaban de llamarla. Jugaban en el cuarto de atrás, que tenía un sofá verde, un encerado, dos armarios de libros y muchas repisas con muñecos y chucherías. También salían por los pasillos. La casa tenía tres pasillos, dos paralelos y uno más corto que los unía, formando los tres como una *hache*. Al de delante iban sólo alguna vez a esconderse detrás del arca, pisando callandito; pero casi nunca valía, porque por allí estaban las habitaciones de los mayores y no se podía hacer ruido. Aquel pasillo estaba separado de los otros dos por una cortina de terciopelo con borlas. Alrededor de las nueve venían a buscar a las primas y a las niñas del segundo. La criada les ponía los abrigos y les atusaba el pelo. Cecilia salía con ellas y entraban en el saloncito a despedirse de los papás. Paca se quedaba sola detrás de la cortina, mirando el resplandor rojizo que salía por la puerta entornada. Estarían allí los señores leyendo, fumando, hablando de viajes. Se oían las risas de las niñas, los besos que les daban. Muchas veces, antes de que volvieran a salir, ella se escurría a la portería, como una sombra, sin decir adiós a nadie.

Empezó a desear que llegase el buen tiempo para salir a jugar a la calle. En la plazuela tenía más ocasiones de estar con Cecilia, sin tener que subir a su casa, y los juegos de la calle eran más libres, más alegres, al marro, el diábolo, la comba, el mismo escondite, juegos de cantar, de correr, de dar saltos, sin tener miedo de romper nada. Se podían escapar de las otras niñas. Se cogían de la mano y se iban a esconder juntas. Paca sabía un sitio muy bueno, que nunca se lo acertaban: era en el portalillo del zapatero. Se escondían detrás de la silla de Adolfo, el aprendiz, que era conocido de Paca, y él mismo las tapaba y miraba por la puerta y les iba diciendo cuándo podían salir sin que las vieran y cuándo ya habían cogido a alguna niña. Así no las encontraban nunca y les daba mucho tiempo para hablar.

Aquella noche, mirando las estrellas, donde viven las hadas que nunca envejecen, Paca se acordaba de Cecilia y lloraba. Se había ido a otra casa, a otra ciudad. Así pasan las cosas de este mundo. Y ella, ¿qué iba a hacer ahora? Ni siquiera se había podido despedir en el último momento. Cecilia se había ido de improviso dos días antes, aprovechando el coche de su tío, por la mañana, mientras ella estaba haciendo un recado. Se entretuvo bastante, pero bien podía Cecilia haber esperado para decirla adiós. O a lo mejor no pudo, a lo mejor su tío tenía prisa, quién sabe.

—Despídame de Paca, que ya le escribiré —le había dicho a la señora Engracia al marcharse.

Cuando volvió, Paca le insistía a su madre, le suplicaba con los ojos serios:

—Por favor, acuérdate de lo que te dijo para mí. Dímelo exactamente.

—Que ya te escribiría, si no dijo más.

La señora se quedó todo el día siguiente recogiendo las

cosas en el piso. Luego también se había ido. Ella no se había atrevido a subir.

Mirando las estrellas, Paca sentía una enorme desazón. ¿Qué podía pedirle a las hadas? A lo mejor, habiéndose marchado Cecilia, ya ni siquiera había hadas. O, aunque las hubiera, tal vez no entendían bien lo que quería pedirles, sin explicarlo Cecilia primero. Eran cosas tan confusas las que deseaba. Se acordaba de una viñeta que había visto en un cuento, de una niña que lloraba porque había perdido sus zapatitos rojos. Y ella, ¿qué había perdido? ¿Cómo lo iba a poder explicar? Sentía frío en los pies. Cerró los ojos y le dolían por dentro las estrellas. De tanto y tanto mirarlas se le habían metido todas allí; le escocían como puñados de arena.

Al volver a la cama, después de la tercera vez, se quedó un poco dormida con la cabeza metida dentro de las sábanas. Soñó que Cecilia y ella vivían en medio del bosque en una casa de cristal alargada como un invernadero; iban vestidas de gasa azul y podían hacer milagros. Pero luego ella perdía su varita y se iba quedando seca, seca, como de barro. Y era una figurita de barro. Cecilia le decía: «Ya no sirves», y la tiraba al río. Y ella iba flotando boca arriba sobre la corriente del río, con las piernas abiertas y curvadas, porque era el rey Gaspar, el del Nacimiento.

Se levantó su madre para ir al arrabal como todos los martes y le dijo:

—Paca, me voy, ¿has oído? Levántate para cuando vengan los de la mudanza. Les das la llave, ¿eh? La dejo en el clavo de siempre.

Paca se había levantado llena de frío, con un dolor muy fuerte en el pescuezo de la mala postura y un nudo correoso en la garganta. Era el nudo de una áspera, tensa maroma que recorría el interior de todas sus articulaciones, dejándolas horriblemente tirantes. Sentía en su cuerpo una rigidez de tela almidonada, de suela o estropajo. «A lo mejor —pensó— me estoy convirtiendo de verdad en una figurita de barro de las del Nacimiento, y voy echando alambre en vez de huesos, y dentro de un poco ya no me dolerá la carne, aunque me peguen o me pellizquen. Ojalá fuera verdad, ojalá fuera verdad. El rey Gaspar, la tía Gil hilando su copo, el mesonero que sólo tiene medio cuerpo porque está asomado a la ventana, cualquiera, hasta uno de los pastores bobos que se ríen comiendo sopas, debajo del angelito colgado del árbol, el de la pierna rota, aunque fuera. Qué le importaba a ella. Todavía tenía tiempo de meterse en el equipaje, en la caja de cartón azul con flores, y por la Navidad volverían a sacarla en la casa nueva, en la nueva ciudad, y ella se reiría y agitaría las manos para que la conociera Cecilia. Aquella noche tendría el don de hablar porque ha nacido el niño Jesús, y las dos se la pasarían entera hablando en secreto cuando todos se hubieran acostado. Cecilia pondría sus codos sobre las praderas de musgo, sobre los ríos de papel de plata y acercaría su oído a los pequeños labios de su amiga de barro. ¿Qué cosas tan maravillosas no podría contarle Paca en aquella noche, desde el minúsculo paisaje nevado de harina, cruzado de caminillos de arena, por donde todos los vecinos de las casitas de cartón circulaban en fiesta con cestas y corderos hacia la luz roja del portal? No le importaría a ella tener que estar todo el año metida en la caja azul esperando la Nochebuena.»

Estas cosas estaba pensando cuando oyó la bocina del camión que venía.

Los hombres eran cinco. Habían puesto una grúa en el balcón, donde estaba el saloncito de recibir, y por allí bajaban las cosas de más peso. Otras, más menudas o más frágiles, las bajaban a mano. Uno de los hombres, el más gordo, el que traía el volante, estaba abajo para recibir los muebles y aposentarlos en el interior del capitoné, que esperaba con las fauces abiertas como una inmensa, hambrienta ballena. Mientras uno hacía una cosa, el otro hacía otra. Casi no daba tiempo a verlo todo. Paca no se atrevía ni a moverse. Al principio subió por dos veces al piso y había preguntado que si necesitaban algo; la primera ni siquiera le hicieron caso, la otra vez le dijeron que no. Prefirió no volver a subir, le resultaba insufrible ver la crueldad y la indiferencia con que arrancaban los muebles de su sitio y los obligaban a bajar por la ventana o por la escalera. Algunos dejaban su marca en la pared al despegarse, una sombra pálida, húmeda, como un ojera, como una laguna caliente.

Era increíble, portentoso, lo de prisa que trabajaban aquellos cinco hombres. Parecía cosa de magia que pudieran desmontar con tanta seguridad, en etapas medidas y certeras, una casa como aquélla, que era todo un país lleno de historia, lleno de vericuetos y tesoros, que pudieran destruirlo, conquistarlo con tanta celeridad, sin dolor ni desequilibrio, sin apenas esfuerzo sin detenerse a mirar la belleza de las cosas que se estaban llevando, sin que ninguna se les cayese al suelo. ¿Y el osito de felpa? ¿En qué bulto de aquéllos iría metido el osito de felpa? ¿Y aquella caja donde guardaba la abuela de Cecilia los retratos antiguos y las cintas de seda? Y tantísimos cuadros. Y los libros de cuentos... ¿Sería posible que hubiesen metido todos los libros de cuentos? *Peter Pan y Wendy*, *Alicia en el país de las maravillas*, cuentos de Andersen, de Grimm, de los caballeros de la Tabla Redonda, cuentos de Pinocho... Siempre había alguno tirado por el suelo, en los recodos más inesperados se escondían. Algo se tenían que dejar olvidado, era imposible que se acordaran de meterlo todo, todo, todo. En hora y pico, Dios mío, como quien no hace nada, con tanta crueldad.

Ya debía faltar poco. El hombre gordo encendió un cigarro, se puso en jarras y se quedó mirando a la chica aquella del traje de percal que parecía un pájaro mojado, que estaba allí desde el principio peladica de frío y miraba todo lo que iban sacando con los ojos pasmados y tristes como en sueños. Luego echó una ojeada a la plaza con cara distraída. Era una pequeña plaza provinciana con sus bocacalles en las esquinas y su fuentes en el medio como miles de pequeñas plazas que el hombre gordo había visto. No se fijó en que tenía algunas cosas distintas; por ejemplo, un desnivel grande que hacía el asfalto contra los jardincillos del centro. Allí, los días de lluvia, se formaba un pequeño estanque donde venían los niños, a la salida del colegio, y se demoraban metiendo sus botas en el agua y esperando a ver a cuál de ellos le calaba la suela primero. Tampoco se fijó en la descarnadura de la fachada del rincón que tenía exactamente la forma de una cabeza de gato, ni en las bolas doradas que remataban las altas verjas de casa de don Adrián, uno que se aislaba de todos de tan rico como era, y en su jardín particular entraban las gigantillas a bailar para él solo cuando las fiestas de septiembre. Ni en el quiosco naranja, cerrado todavía a aquellas horas, con un cartel encima que ponía «La Fama», donde vendían pelotitas de goma, cariocas y tebeos, ni en el poste de la dirección prohibida, torcido y apedreado por los chiquillos. Se iba levantando, tenue, opaca y temblona, la blanca mañana de invierno. Al hombre se le empezaban a quedar frías las manos. Se las sopló y le salía un aliento vivificador de tabaco y aguardiente; se las frotó una con otra para calentarse.

«Hoy no va a levantar la niebla en todo el día –pensó–. A ver si acaban pronto éstos. Desayunaremos por el camino.»

Y sentía una picante impaciencia, acordándose del bocadillo de torreznos y los tragos de vino de la bota.

En este momento salían del portal dos de los hombres con unos líos y unos cestos; se tropezaron con la chica del traje de percal.

–Pero ¿te quieres quitar de en medio de una vez?

Y ella les miró torvamente, casi con odio, y retrocedió sin decir una palabra.

–¿Falta mucho? –preguntó el hombre gordo.

–Queda sólo un sofá. Ahora lo manda Felipe y ya cerramos.

Bajaba por la grúa el sofá verde, el del cuarto de jugar, que tenía algunos muelles salidos. Bajaba más despacio que los otros muebles, a trancas, a duras penas, tieso y solemne como si cerrara la marcha de una procesión. Cuando llegó a la acera, Paca se acercó con disimulo y le acarició el brazo derecho, el que estaba más cerca de la casa de muñecas, en la parte de acá, según se entraba, despeluchado y viejo a la luz del día, que había sido su almohada muchas veces. Y retiró la mano con vergüenza, como cuando vamos a saludar a un amigo en la calle y nos damos cuenta de que lo hemos confundido con otro señor.

«Parecía que estaba muerto, Dios mío, parecía una persona muerta», fue lo último que pensó Paca. Y se quedó dándole vueltas, terca, estúpidamente, a esta sola idea, repitiéndola una y otra vez como un sonsonete, clavada en el asfalto durante un largo rato todavía, sin apartar los ojos de aquella mancha negra de lubrificante que había dejado el camión al arrancar.

No vino la carta de Cecilia, pero llegó, por lo menos, la primavera.

Aquel año Paca había creído que el invierno no se iba a terminar nunca, ya contaba con vivir siempre encogida dentro de él como en el fondo de un estrecho fardo, y se alzaba de hombros con indiferencia. Todos los periódicos traían grandes titulares, hablando de ventiscas y temporales de nieve, de ríos helados, de personas muertas de frío. La madre, algunas noches, leía aquellas noticias al calor del raquítico brasero, suspiraba y decía: «Vaya todo por Dios». Leía premiosamente, cambiando de sitio los acentos y las comas, con un tonillo agudo de colegio. A Paca le dolía la cabeza, tenía un peso terrible encima de los ojos, casi no los podía levantar.

—Madre, este brasero tiene tufo.

—Qué va a tener, si está consumido. ¿También hoy te duele la cabeza? Tú andas mala.

Se le pusieron unas fiebrecillas incoloras y tercas que la iban consumiendo, pero no la impedían trabajar. Cosa de nada, fiebre escuálida, terrosa, subterránea, fiebrecilla de pobres.

Un día fue con su madre al médico del seguro.

—Mire usted, que esta chica no tiene gana de comer, que le duele la cabeza todos los días, que está como triste.

125

–¿Cuántos años tiene?

–Va para catorce.

–Vamos, que se desnude.

Paca se desnudó mirando para otro lado; le temblaban las aletas de la nariz. El médico la auscultó, le miró lo colorado de los ojos, le golpeó las rodillas, le palpó el vientre. Luego preguntó dos o tres cosas. Nada, unas inyecciones de Recal, no tenía nada. Era el crecimiento, el desarrollo tardío. Estaba en una edad muy mala. Si tenía algo de fiebre podía acostarse temprano por las tardes. En cuanto viniera el buen tiempo se pondría mejor. Que pasara el siguiente.

Todas las mañanas, cuando salía a barrer el portal, Paca miraba con ojos aletargados el anguloso, mondo, desolado esqueleto de los árboles de la plazuela, que entre sus cuernos negros y yertos enganchaban la niebla en delgados rasgones, retorciéndola, desmenuzándola, dejándola ondear, como a una bufanda rota. Y sentía el corazón acongojado. Parecían los árboles palos de telégrafo, espantapájaros. Palos muertos, sin un brote, que se caerían al suelo.

«Si viniera la primavera me pondría buena –pensaba–. Pero qué va a venir. Sería un milagro.»

Nunca había habido un invierno como aquél; parecía el primero de la tierra y que iba a durar siempre, como por castigo. No vendría la primavera como otras veces; aquel año sí que era imposible. Tendría que ser un milagro.

«Si los árboles resucitaran –se decía Paca, como empeñándose en una importante promesa– yo también resucitaría.»

Y un día vio que, durante la noche, se habían llenado las ramas de granitos verdes, y otra mañana oyó, desde las sábanas, pasar en tropel dislocado y madrugador a los vencejos, rozando el tejadillo del patio, y otro día no sintió cansancio ni escalofríos al levantarse, y otro tuvo mucha hambre. Salió ensordecida y atónita a una convalecencia perezosa, donde todos los ruidos se le quedaban sonando como dentro de una campana de corcho. Había crecido lo menos cuatro dedos. Se le quedó corto el traje y tuvo que sacarle el jaretón. Mientras lo descosía se acordaba de Cecilia. Si ella estuviera se habrían medido a ver cuál de las dos estaba más alta. Casi todos los años se medían por aquellas fechas. Cecilia se enfadaba porque quería haber crecido más, y le agarraba a Paca los pies descalzos, se los arrimaba a la pared: «No vale hacer trampas, te estás empinando». Apuntaban las medidas en el pasillo de atrás, en un saliente de la pared, al lado del armario empotrado. Escribían las iniciales y la fecha y algunas veces el lápiz rechinaba y se desconchaba un poquito la cal. Ahora habían tirado aquella pared, lo andaban cambiando todo. Estaba el piso lleno de albañiles y pintores, porque en junio vendrían los inquilinos nuevos.

La primavera se presentó magnífica. Por el patio del fondo se colaba en la portería desde muy temprano un paralelogramo de luz apretado, denso, maduro. A Paca le gustaba meterse en él y quedarse allí dentro quietecita, con los ojos cerrados, como debajo de una ducha caliente. En aquella zona bullían y se cruzaban los átomos de polvo, acudían a bandadas desde la sombra, coleaban, nadaban, caían silenciosamente sobre los hombros de Paca, sobre su cabeza, se posaban en una caspa finita. Algunas veces, los días que ella tardaba un poco más en despertarse, el rayo de sol la venía a buscar hasta el fondo de la alcoba y ponía en sus párpados cerrados dos monedas de oro que se le vertían en el sueño. Paca se levantaba con los ojos alegres. Todo el día, mientras trabajaba en la sombra, le estaban bailando delante, en una lluvia oblicua de agujas de fuego, los pececillos irisados que vivían en el rayo de sol.

La portería era una habitación alargada que tenía el fogón en una esquina y dos alcobas pequeñas mal tapadas con cortinillas de cretona. A la entrada se estrechaba en un pasillo oscuro y al fondo tenía la puerta del patio por donde entraba la luz. El suelo era de baldosines colorados y casi todos estaban rotos o se movían. Había en la habitación un armario, con la foto de un militar metida en un ángulo entre el espejo y la madera, cuatro sillas, la camilla, los vasares de encima del fogón y la máquina de coser, que estaba al lado de la puerta del patio y era donde daba el sol lo primero, después de bajar del calendario plateado, que tenía pintada una rubia comiendo cerezas.

Cuando Paca era muy pequeña y todavía no sabía coser a la máquina, miraba con envidia la destreza con que su madre montaba los pies sobre aquella especie de parrilla de hierro y los columpiaba para arriba y para abajo muy de prisa, como galopando. Aquel trasto que sonaba como un tren y que parecía un caballejo gacho y descarnado, fue durante algún tiempo para ella el único juguete de la portería. Ahora volvía a mirar todas estas pobres y vulgares cosas a la luz de aquella rebanada de sol que las visitaba cotidianamente para calentarlas.

Por las tardes, la señora Engracia sacaba una silla a la puerta de la casa y se sentaba allí a coser con otras mujeres. Paca también solía ponerse con ellas. Las oía hablar sin pensar en nada, sin enterarse de lo que estaban diciendo. Se estaba a gusto allí en la rinconada, oyendo los gritos de los niños que jugaban en medio de la calle, en los jardines del centro. Saltaban en las puntas de los pies, se perseguían, agitando sus cariocas de papel de colores, que se lanzaban al aire y se enganchaban en los árboles, en los hierros de los balcones; hormigueaban afanosos para acá y para allá, no les daba abasto la tarde. Levantaban su tiempo como una antorcha y nunca lo tenían lleno. Cuando el cielo palidecía, los mayores les llamaban por sus nombres para traerlos a casa, para encerrarlos en casa, les pedían por Dios que no gritaran más, que no saltaran más, que se durmieran. Pero siempre era temprano todavía y la plaza empezaba a hacerse grande y maravillosa precisamente entonces, cuando iba a oscurecer y el cielo se llenaba de lunares, cuando se veían puntas rojas de cigarro y uno corría el riesgo de perderse, de que viniera el hombre negro con el saco a cuestas. A aquellas horas de antes de la cena, algunas niñas pobres del barrio –la Aurora, la Chati, la Encarna– salían a saltar a los dubles con una soga desollada. Le decían a Paca: «¿Quieres jugar?», pero ella casi nunca quería, decía que estaba cansada.

–Ya estoy yo grandullona para andar saltando a los dubles –le explicaba luego a su madre.

Una mañana vino el cartero a mediodía y trajo una tarjeta de brillo con la fotografía de una reina de piedra que iba en su carro tirado por dos leones. Paca, que cogió el correo como todos los días, le dio la vuelta y vio que era de Cecilia para las niñas del segundo. Se sentó en el primer peldaño de la escalera y leyó lo que decía su amiga. Ahora iba a un colegio precioso, se había cortado las trenzas, estaba aprendiendo a patinar y a montar a caballo; tenía que contarles muchas cosas y esperaba verlas en el verano. Luego, en letra muy menudita, cruzadas en un ángulo, porque ya no había sitio, venían estas palabras: «Recuerdos a Paca la de abajo».

Paca sintió todo su cuerpo sacudido por un violento trallazo. A la puerta de los ojos se le subieron bruscamente unas lágrimas espesas y ardientes, que parecían de lava o plomo derretido, y las lloró de un tirón, como si vomitara. Luego se secó a manotazos y levantó una mirada brava, limpia y rebelde. Todo había pasado en menos de dos minutos. Entró en la portería, abrió el armario, buscó una caja de lata que había sido de dulce de membrillo, la abrió y sacó del fondo, de debajo de unos carretes de hilo de zurcir, un retrato de Cecilia disfrazada de charra y unas hojas escritas por ella, arrancadas de aquel cuaderno gordo con tapas de hule. Lo rompió todo junto en pedazos pequeños, luego en otros pequeñísimos y cada uno de aquéllos en otros más pequeños todavía. No se cansaba de rasgar y rasgar, se gozaba en hacerlo, temblaba de saña y de ira. Se metió los papeles en el hueco de la mano y apretaba el puño contra ellos hasta hacerse daño. Luego los tiró a un barreño que estaba lleno de mondas de patata. Se sintió firme y despierta, como si pisara terreno suyo por primera vez, como si hubiera mudado de piel, y le brillaban los ojos con desafío. Paca la de abajo, sí, señor; Paca la de abajo, la hija de la portera.

¿Y qué? ¿Pasaba algo con eso? Vivía abajo, pero no estaba debajo de nadie. Tenía sus apellidos, se llamaba Francisca Fernández Barbero, tenía su madre y su casa, con un rayo de sol por las mañanas; tenía su oficio y su vida; suyos, no prestados, no regalados por otro. No necesitaba de nadie; si subía a las casas de los otros era porque tenía esa obligación. Como ahora, a llevar el correo del mediodía.

Salió al portal con la tarjeta y echó por la escalera arriba. En el primer rellano se encontró con Adolfo, el chico del zapatero, que bajaba con unas botas en la mano.

–Adiós, Paca. Dichosos los ojos. ¿Dónde te metes ahora?

Ella se quedó muy confusa, no entendía.

–¿Por qué dices «ahora»?

–Porque nunca te veo. Antes venías muchas veces a esconderte al taller con las otras chicas cuando jugabais al escondite...

Paca le miró con los ojos húmedos, brillantes, y parecía que los traía de otra parte, como fruta recién cogida.

–¡Ah, bueno! Dices antes, cuando yo era pequeña.

–Es verdad –dijo Adolfo, y la miraba–. Te has hecho una mujer. ¡Qué guapa estás!

La miraba y se sonreía. Tenía los dientes muy blancos y una pelusilla negra en el labio de arriba. Paca se azaró.

–Bueno, me subo a llevar este correo.

El chico la cogió por una muñeca.

–No te vayas, espera todavía. Que nos veamos, ¿quieres? Que te vea alguna vez. Me acuerdo mucho de ti cuando oigo a las chicas jugar en la plaza y creo que vas a venir a esconderte detrás de mi silla. Dime cuándo te voy a ver.

A Paca le quemaban las mejillas.

–No sé, ya me verás. Suelta, que tengo prisa. Ya me verás. Adiós.

Y se escapó escaleras arriba. Llegó al segundo, echó la tarjeta de Cecilia por debajo de la puerta (ni siquiera se acordaba ya de la tarjeta), siguió subiendo. Quería llegar arriba, a la azotea, donde estaban los lavaderos, y asomarse a mirar los tejados llenos de sol, los árboles verdes, las gentes pequeñitas que andaban –«tiqui, tiqui»– meneando los brazos, con su sombra colgada por detrás. Se abrió paso entre las hileras de sábanas tendidas. Vio a Adolfo que salía del portal y cruzaba la plaza con la cabeza un poco agachada y las botas en la mano. Tan majo, tan simpático. A lo mejor se iba triste. Le fue a llamar para decirle adiós. Bien fuerte. Una..., dos... y tres: «¡¡¡Adolfoooo!!!», pero en este momento empezaban a tocar las campanas de la iglesia de enfrente y la voz se le fue desleída con ellas. El chico se metió en su portalillo, como en una topera. A lo mejor iba pensando en ella. A lo mejor le reñían porque había tardado.

Sonaban y sonaban las campanas, levantando un alegre vendaval. A las de la torre de enfrente respondían ahora las de otras torres. Las campanadas se desgajaban, se estrellaban violentamente. Paca las sentía azotando su cuerpo, soltándose gozosas por toda la ciudad, rebotando despiadadamente contra las esquinas: «Tin-tan, tin-tan...».

Le había dicho que era guapa, que la quería ver. Había dicho: «Cuando venías a esconderte con las otras chicas», ni siquiera se había dado cuenta de que iba siempre con la misma, con la niña más guapa de todas. Él sólo la había visto a ella, a Paca la de abajo, era a ella a quien echaba de menos, metidito en su topera. «Que te vea alguna vez –tin-tan, tin-tan–, que te vea alguna vez.»

Arreciaba un glorioso y encarnizado campaneo, inundando la calle, los tejados, metiéndose por todas las ventanas. Más, más. Se iba a llenar todo, se iba a colmar la plaza. Más, más –tin-tan, tin-tan–, que sonaran todas las campanas, que no se callaran nunca, que se destruyeran los muros, que se vinieran abajo los tabiques y los techos y la gente tuviera que escapar montada en barquitos de papel, que sólo se salvaran los que pueden meter sus riquezas en un saquito pequeño, que no quedara en pie cosa con cosa.

Sonaban las campanas, sonaban hasta enloquecer: «Tin-tan, tin-tan, tin-tan...».

Balneario de Alzola, agosto de 1953

Un día de libertad

Esta tarde, cuando he vuelto a casa, Marta no estaba. La he llamado por el pasillo varias veces, porque no contestaba a la primera; con más urgencia cada vez, mientras miraba en las habitaciones, con una gran urgencia, con angustia, como si hubiera fuego en la escalera. Yo mismo me he sorprendido: ¡Si no la necesito para nada! Precisamente es mejor que no esté. Todo el camino lo he venido pensando, que ojalá pudiera llegar a casa y estar un rato solo. Desde que ando ocultando lo que me pasa, lo peor son los ojos de ella posados sobre mí como moscas inmóviles. Me miran sin esforzarse, resbalando, sólo porque me parezco al que han visto otros días, todos los días. Pero yo, desde ayer, soy un poco distinto. No diré que gran cosa. La diferencia que va de un empleado a un hombre despedido de su empleo. Claro que si esta diferencia, por tenue, por pequeña que sea, es la primera que se produce durante diez años, y uno nota que estaba entumecido, con la cabeza quieta, torcida en una sola dirección –igual que cuando van a retratarnos–, y ahora puede volverla mirando para atrás, de frente y hacia arriba, la cosa cobra un aire de acontecimiento.

¿Qué diría ella si lo supiera? Seguramente nada, durante un largo rato. Le parecería mentira y no llegaría a entenderlo. Volvería los ojos alrededor como buscando amparo y confianza en las cosas conocidas, y allí estaría, por ejemplo, el armario de pino que ya no cojea desde que lo calcé yo con unas astillas, y el cajón medio abierto donde se guardan las facturas, y encima de su pañito de ganchillo, el reloj despertador niquelado y azul, parado en las cinco y cuarto. Buscaría el sitio donde está cada mancha en la pared, las grietas, las goteras, mi propia cicatriz junto a la oreja (porque yo estaría allí, de pie, aguardando sus palabras), un baldosín mellado, alguna abolladura o ñica en las cazuelas. Todo en su sitio de siempre. Recorrería estas cosas despacio, minuciosamente, casi palpándolas, y las iría reconociendo con alegría, como los repliegues y valles de un terreno donde se supiese segura, al abrigo de todo temor. ¡Dios mío!, y cuando volviesen a mirarme, sus ojos serían ya las dos moscas ajenas e inertes, se les habría sumido la lucecilla de sobresalto que los encendió un momento, y extenderían de nuevo por todo el rostro, como una niebla, el apagado gesto habitual. Y a través de esta niebla diría lo primero: «¿Y cómo lo has arreglado?», o tal vez: «Me figuro que te habrán vuelto a admitir». Daría por supuesto que todo el día lo he dedicado a gestionar una solución rápida y eficaz.

Pero yo me he levantado a las ocho, como de costumbre, he tomado el café con leche, y me he ido a la calle. Por primera vez he visto cómo es la calle a esas horas. Es una inmensa urna vacía, resonante, con parquet de museo. Sobra por todos lados y se ve que es del día anterior, que se aprovecha de un día para otro como una decoración. Da hasta risa tomarse luego la ciudad tan en serio; a esas horas se ve la preparación que tiene y parece que se va a desteñir o a fallarle algún muelle. Aquí el sitio para dejar los coches, aquí el espacio de los peatones, desde la raya amarilla; por aquí irá el trolebús, despacio en los lugares de mucho tráfico, y debajo de la costra delgada que pisan nuestros pies, el ferrocarril subterráneo con puertas que se abren ellas solas. Aquí el espacio para que suba el humo de las chimeneas, un poco más arriba pueden volar los pájaros –sin chillar demasiado–, y por encima de ellos circularán los aviones. Allí las palomas, en cuanto se despierten, con un trocito de añadidura por delante para los fotógrafos, los niños junto a esta fuente, sin pisar los jardines, los perros y los golfos por donde caiga el sol; aquí se formará la cola de los cines, la de misa de una, la de marcharse a casa a comer cuando se vive lejos. Da risa. Ya se lo sabe uno todo. De memoria. Con los ojos cerrados.

Luego, a mediodía, me he encontrado rodeado de hombres que pasan aprisa con sus carteras, y me he sentido al descubierto, sin saber adónde ir. He ensayado a ir más de prisa, a sacarme las manos de los bolsillos, pero me ha parecido que todos notaban que era mentira, que no lo sabía hacer. Entonces pensé que iban a echárseme encima como policías pidiéndome la chapa verde, esa etiqueta de algo que siempre hay que llevar. Y me imaginaba palpándome los bolsillos, balbuciendo excusas. Y el asunto pendiente se volvía grave, se hinchaba como un tumor, y veía alejarse de prisa a los hombres de las carteras con una mezcla de alivio y desconcierto.

Esta tarde me he pasado por la taberna para charlar un rato con Luis. Estaba muy alarmado con lo que dicen los periódicos franceses. Me lo ha estado leyendo. Parece ser que pronto tendremos una guerra, mejor dicho, la guerra, esa que siempre tiene que venir cuando hace unos años que se ha acabado la anterior. Estaba él solo sentado en la banqueta de siempre. Se ha alegrado de verme y hemos bebido una botella de vino. Luis ha hablado de la guerra todo el tiempo, de las tragedias y calamidades de los japoneses. Me ha dado vergüenza contar lo de mi empleo, y no he dicho nada.

No tengo conciencia de estar obligado a haber hecho una cosa precisa en mi primer día de libertad. No he pensado. No he decidido nada.

Entro en el comedor, que es la última habitación del pasillo, y me siento allí con la frente apoyada en las manos. La casa está fresca y en penumbra. Brillan las baldosas, los pestillos, la cara de los muebles, con un brillo amortiguado, fijo y enervante. Me aflojo la corbata. Todavía estoy como sobresaltado. Hace mucho tiempo que no llamaba a Marta de esta manera. Quizá no la había llamado nunca así, con esta violenta necesidad de verla, de cogerla por los hombros y sacudirla diciendo muchas veces su nombre hasta que despertara, hasta que tuviese miedo y lo aguantase a pie firme y sollozara abrazándose conmigo. Con aquellos hipos de niña. Quién sabe el tiempo que hace. Cuando éramos novios lloraba porque yo llevaba los puños rotos y no ganaba dinero. Otras veces, porque me exaltaba hablando de cosas que ella no entendía. Me miraba con ojos muy atentos y asombrados, como si estuviera en el teatro, y decía: «...no sé, no me embarulles», y metía la cara en mis manos, y alguna vez me las besaba diciendo: «pobrecito, pobrecito...», como se lo diría a un niño o a un enfermo. Y yo me irritaba, porque siempre me parecía importante lo que estaba diciendo.

«Pobrecito, ¿por qué?, ¡por qué!», le dije un día. Y ella me miraba turbada entre las lágrimas, sin saberlo explicar, porque siempre se expresa torpemente. Luego aprendí taquigrafía, me dieron el empleo y nos casamos.

Miro el reloj. Ya casi son las nueve. Después de llevar un rato sentado, se nota calor. Voy a levantar las persianas. A estas horas ya entra un poco de fresco. En verano, las casas a poniente, ya se sabe, si no las tiene uno muy cuidadas se recalientan mucho. Por la noche, abrir de par en par; durante el día, mantenerlo todo cerrado, con alguna ranura en ciertos sitios para que haya un poquito de corriente.

Me asomo al balcón. Vivimos en un ático. Las mujeres han sacado sus sillas a la calle y forman pequeñas tertulias. Los niños corren, se pegan, se montan en la grupa de los tranvías. Los novios se sientan en los aguaduchos a sorber su horchata. Sube de no sé dónde un fuerte olor a pescado frito, se entrelaza con el sonido de una risa, de una bocina, de algún grillo que canta dentro de su bote agujereado. Levanto la cabeza. El cielo es hondo, inmenso, sin color. Los ojos se lo sorben y siempre queda más. Ya va a venir la noche. Entre las rayas de humo de dos chimeneas lejanas, detrás de unos andamios, se está gestando una luna enrojecida y escasa, sin piel todavía. Mañana también hará calor.

Como ayer. Qué horrible calor el de ayer por la tarde. Un calor casi sólido, encerrado, rabioso, que se apretaba contra mis sienes y sobre mi espalda, mientras escribía en la oficina. No digo yo que el calor tuviera la culpa, pero yo sí que no necesito justificarme. Apenas me siento mezclado en lo que ocurrió. Además, ¿por qué había de tener alguien la culpa? Pero hacía un horrible calor. Sentía la camisa empapada, y me acordaba de un recodo que hace el río de mi ciudad cerca de una pequeña presa, donde iba a bañarme de chico con mis primos. No he vuelto nunca allí. Primero me acordaba débilmente. Me sonaban por dentro de las sienes las teclas de la máquina, a patadas, arrancándome gotas de sudor, y rasgando esforzadamente, desesperadamente, este telón compacto y uniforme, se abrían paso otros ruidos, otras sensaciones. El agua fresca y movediza del río, amasada de sol y sombra. Con sombras largas de álamos largos... Y nosotros nadando, abriendo el agua, «plas-plas..., plas-plas...». Venían ráfagas de aire que recorrían la superficie en culebrillas, como el frío sobre una piel. «El río tiene carne de gallina», decíamos nosotros.

El jefe de personal me estaba dictando unos oficios en francés. Tenía prisa por acabar para marcharse con la rubia que le llamó antes por teléfono; ésa a la que él contesta: «sí, querida», «desde luego, querida», y que huele como a violetas. Me equivoqué dos veces y me quedé atrás; él se impacientó y me repetía las últimas frases con voz agria, insultante. No pensaba yo insolentarme, a pesar de todo. Nunca lo he hecho, ni siquiera lo he tenido en la mente como algo posible. Pero seguía pensando en nuestros baños del río, y se me acercaban los ruidos, las imágenes con una mayor claridad. Me parecía oír los gritos que dábamos al zambullirnos y sentir aquel gozoso cansancio de la salida. Nos tumbábamos chorreando sobre una playa de piedrecitas grises, mirando las hojas de los chopos que al separarse dejaban pasar el sol. El sol nos ponía por dentro de los párpados dibujos de rojas chispas y estrellas enlazadas girando sobre un fondo negro, perla, de oro.

Algunas veces jugábamos a los indios. Nos perseguíamos con los tiradores, medio desnudos, entre los árboles. Yo me llamaba el indio *Pies de plata*. Eso era, exactamente. Qué alegría, ya tengo el nombre. Jamás hasta ahora lo había recordado. «¡Rendíos! *Pies de plata* arrasará vuestros poblados y arrancará vuestras cabelleras.» Los niños asomaban la cabeza por detrás de los troncos. Alguno se reía, pero casi todos respondían a mi reto en el fiero lenguaje de sus tribus. Me temían bastante porque yo era más alto. De pronto, sin saber cómo, me tropecé con el día en que encontramos la culebra... Cruzó el recuerdo como una ráfaga y se quería volver a enterrar para siempre. Pero yo no me lo podía dejar ir. Me acerqué de puntillas, decididamente, excluyendo cualquier otra ocupación, como si fuera hacia una mariposa que se va a echar a volar.

Empecé a escribir tan flojo, tan distraído, que sólo cogía las últimas palabras y ellas se enhebraban a su antojo. Fue Germán el que nos avisó. Eso es... Él pisó la culebra, me parece. Yo estaba en el agua y le oí gritar. Decía, ¿cómo dijo lo primero?

Miré a la ventana. El jefe estaba de espaldas, y, cuando se volvió, extrañado por mi silencio, le miré a él tenazmente, tal vez sonriendo.

–¿Qué? –dijo. Y en dos zancadas se acercó a mi espalda. Leía seguramente por encima de mi hombro lo que llevaba escrito.

Hubo una pequeña pausa en la que me concentraba casi dolorosamente para recordar.

–¡Pero está usted loco! –exclamó el jefe enfurecido, dando un golpe en la mesa–. ¿Qué rayos está usted poniendo? ¿Se puede saber lo que le pasa?

Yo todavía no pensaba que iba a enfadarme. Creo que no había mudado de expresión.

–Déjeme ahora, por favor –susurré apenas, con voz suplicante y un gesto de la mano, como queriendo alejarle. Me pareció bastante explicación. Llevo diez años en la casa y nunca he pedido un favor. Creo que tengo derecho a algunas consideraciones.

Rápidamente traté de volver a anudar la escena de la culebra, no se me fuera a pasar de rosca ahora que ya casi la tenía, después de que había estado perdida años enteros. Perdida no sé dónde.

Germán chilló: «¡¡¡A mí la tribu!!!», y ya estaban a su alrededor tres o cuatro con palos cuando yo salí... Segundo puñetazo atronador sobre la mesa. El jefe estaba rojo de cólera. Levanté la cabeza y esta vez nos quedamos mirándonos de verdad.

–¡¡¡A mí no me ha tomado nadie el pelo!!! ¡Nadie! ¿Lo oye? ¡Nadie! –articuló fuera de sí. Tenía el rostro congestionado, los ojos turbios de ira, y adelantaba hacia mí su gran dedo índice amenazador y tembloroso.

Entonces ocurrió algo insólito. Le miré y vi que era un extraño. Absolutamente, al pie de la letra. Me daba cuenta de ello con una súbita e indiscutible seguridad. Se apoderó de mí esta sensación, esta certeza, a pesar de que vagamente me esforzaba por recordar que durante diez años había tenido su rostro delante del mío. Pero esto se me hacía tan inconsistente y falaz como un espejismo, no respondía a algo real. Quizá si no le mirara desde la playa de piedrecitas grises, con los pies desnudos, el día en que Germán encontró la culebra, nunca hubiera podido comprenderlo. Era un ser absolutamente extraño, de otra tribu; yo no podía depender de él. El descubrirlo me proporcionaba una enorme alegría.

Entonces fue cuando me puse de pie, le aparté de mi lado con un ademán mesurado y distanciante, y dije:

–Perdone, no le entiendo. No tengo absolutamente nada que ver con usted. Debe haber un error en todo esto. Un lamentable error. Pero, gracias a Dios, ya está salvado. Yo a usted no lo conozco.

Había empezado a hablar contra mi voluntad, confuso todavía por la gran transformación que dentro de mí se estaba operando, vacilante y respetuoso en cierto modo, y me abrumaba el peso de lo que iba saliendo de mis labios. Pero, al llegar a las últimas palabras: «yo a usted no lo conozco», me apercibí de que había adquirido una total autonomía; era yo quien decía realmente aquellas palabras, las aceptaba, me hacía solidario de ellas, las hubiera defendido con mi vida. Sentía mi triunfo. Miré orgullosamente alrededor. De todas las mesas se levantaban para mirarme los rostros estupefactos de mis compañeros. ¿Quién me había traído a esta oficina? ¿Por dónde entré? ¿Con qué ojos había mirado esto durante diez años para no haberlo visto nunca hasta hoy? El jefe se había quedado inmóvil con la boca entreabierta. No se había movido ni una pulgada del lugar a donde había retrocedido cuando yo me levanté. Apoyaba una mano en la pared y cerraba la otra contra su manojo de cuartillas. Los lentes se le habían escurrido ligeramente hacia el extremo de la nariz, pero no se preocupaba de levantarlos. Me apercibía del silencio expectante de todos, de cómo contenían la respiración, igual que cuando se ha alzado el telón en el teatro, pendientes de mis nuevas palabras. Porque yo tenía que seguir adelante, por donde fuera. Me alentaban, me acuciaban. «Van a romper a aplaudir», pensé.

Y seguí. Añadí muchas más cosas, cada vez más seguro y expedito, traspasado de entusiasmo. Uno no se explica por qué muchas veces que quiere gritar la voz no le viene; se le estanca como en las pesadillas, cuando lucha por despertarse, y en cambio un día, de repente, con la mayor naturalidad, sin pretenderlo, sin que aparentemente haya cambiado ninguna cosa, la voz acierta a salir como por un grifo abierto y alcanza a salpicar vigorosamente a todas partes, y se ve lo fácil que era. Hablaba de egoísmo y rutina, de injusticia social, de hipocresía, hablaba de la muerte y de la guerra. Yo mismo me sorprendía de mi elocuencia, y no me parecía incoherente o disparatado mi discurso. A medida que hablaba, lo hacía con mayor entusiasmo, con una desconocida libertad, con una fuerza nueva y desbordante que me estremecía. Era una ocasión única. Allí, a mi alrededor, se alzaban hacia el mío los rostros de mis compañeros de diez años, como despertados de una larguísima siesta, y el del jefe, redondo e inmóvil como un enchufe, rostros esculpidos, atónitos, con una mueca fija en los ojos entornados, soñolientos, injertos en una masa de carne muerta, que trataban de abrirse para mirarme mejor. Hablaba a sacudidas, a trallazos. «Ya estoy despedido –pensaba de cuando en cuando–. Ya estoy despedido, diga lo que diga.» Y no me podía parar. Sentía un placer vivísimo que crecía como una borrachera.

Luego, en un cierto momento, que no sé cuál fue, ni a qué distancia estaba del comienzo, cogí mi carpeta, abrí la puerta y me fui a la calle.

La verdad es que he perdido un buen empleo. Casi salía por las dos mil pesetas, y luego las horas extraordinarias, que las pagaban aparte. Además, pensándolo bien, me consideraban bastante. Y, en cierto modo, era agradable sentirse llamar por el apellido y que le dieran a uno la mano. Era yo de los más antiguos en la casa. Sé que los clientes decían a sus amigos: «Tú vas y preguntas por J., uno muy amable».

Estoy inquieto. He vuelto a entrar en el comedor y he dejado el balcón abierto. Detrás del cristal del aparador hay un retrato de mi mujer con mantilla española. Parece que me está mirando intrigada, a ver en qué paran mis reflexiones, o a ver si paran en alguna parte. Como si me dijera: «Bueno, y entonces, ¿qué?».

Ahora me gustaría tener cogidas sus manos un poco ásperas, oliendo a guiso y a lejía, sus manos agrietadas, caseras, conocidas, que son dos útiles de trabajo, como dos mangos abrillantados por el uso diario, y que un día se astillarán y quedarán cruzadas en reposo. Sus manos llenas de inercia.

«Verás, Marta, mujer. Lo cierto es que he perdido un buen empleo. Pero está bien gritar en la ocasión que sea, por lo que sea, y no puede uno volverse. Compréndelo, todo lo que sea un cambio debemos saludarlo como una cosa buena. Y ha ocurrido tan sencillamente esto de ayer, si vieras, que debíamos haberlo tenido previsto como un accidente natural. Como cuando uno va por una calle y se encuentra en la última casa o con una pared y tiene que torcer a la derecha. Lo que ha pasado ayer podía haber pasado cualquier otro día del año pasado, o del anterior, o del año que viene. Claro que también podía no haber pasado nunca, en eso estoy de acuerdo.

Sin cambiar de raíles, de señas ni de horario podía haberme sorprendido la muerte –¿te das cuenta?–. Sin cambiar de postura, inclinado en cualquiera de las horas de oficina (de nueve a una o de cuatro a siete). En una de las vueltas, en uno de los números del juego, se habría parado la muerte, silenciosa, poco a poco, como la rueda de los barquilleros... ¿Te das cuenta? Me habría muerto sin gritar, sin sentir este violento deseo de llamarte, de coger tus manos y besarlas. Y sin conocer esta zozobra de estar destapado, al desamparo, entre los transeúntes de las carteras. La zozobra de haber perdido mi etiqueta, mi casillero. Y de no tener más que la noche y el día. Como cuando te conocí.

Ahora, en cambio, podemos emprender cualquier cosa. Con alegría y riesgo. Los dos juntos, absolutamente juntos. Romper amarras. Escapar. Tenemos algún dinero ahorrado, bastante, ¿no es así? Podíamos irnos lejos, desentendernos de todo lo que nos ha rodeado estos años: vender los trastos, la casa, hacer un largo viaje.

Ya ves lo que ha dicho Luis. Que nos meterán en la guerra. Que sin remedio nos meterán. Y nos quedan por ver tantos países, ahora que no nos hemos muerto todavía. Tiene uno la sed como embotada.

Trabajaríamos para no pasar hambre, para irnos mereciendo cada día. Siempre se puede uno ganar el pan en cualquier parte, con lo que vaya saliendo. A la aventura. A la buena de Dios. Mejor es presentarle batalla a la muerte, salirle al encuentro, que esperarla dormidos. Y al fin tiene que venir un día u otro. Fíjate cuántos japoneses se estarán muriendo en este momento. Ya lo sé. Japón está muy lejos. Pero también allí se le podrá tomar amor a un trocito de calle, al sabor de una fruta, a una mujer. Y la vida de ellos es tan importante como la nuestra, aunque estén lejos y no sepamos sus nombres. Tan digna de condolencia su muerte como la de algún conocido, cuya esquela encontrada en el periódico te hace exclamar: «¡El pobre! Con lo joven que era...».

Pero ahora todavía a nosotros no nos ha tocado la suerte. El tiempo es una brillante moneda. Estás, te tengo, deseo huir contigo. Prender una alegre hoguera para quemar reliquias, muebles, facturas, tarjetas de visita, botones, ovillos de lana, periódicos. Y escapar de las llamas al desnudo, como recién nacidos, ahora que todavía no somos tierra.»

El retrato se cansa de escucharme. Me levanto, abro las puertecitas del aparador y lo pongo del revés.

«Estudio Jiménez – San Pablo, 14, 1.º»

«En prueba de cariño de tu Marta.» En letra inglesa. Una dedicatoria sensata, contra la que no tengo nada que objetar. Contra nada de lo suyo se puede generalmente objetar ninguna cosa. Todo en ella es normal, apacible, de sentido común. Ella le encierra a uno, le va haciendo capitular sin que se aperciba. Tengo que reconocerlo: En esta casa se vive a gusto. Todo en tono menor, nunca una voz más alta que otra. Sería inconcebible enfadarse con mi mujer. Le condiciona a uno la vida, se la limita, pero hay que dar las gracias. Todo está a punto. Ordenado, dispuesto. De cuando en cuando hay que devolver una visita. Ella dice: «Si no quieres no vengas». Pero yo, claro está, siempre voy. A casa de su hermano Julián a jugar al tresillo, a casa de los López, a ver a la tía Clara, que nos regala lilas en la primavera. Marta las reparte en cacharros con bastante arte, para decir la verdad, poniendo los tallos alternativamente largos y cortos y secando los cacharros por debajo para que no dejen marca en los muebles. Se pone la casa preciosa.

¿Qué explicación daríamos a toda esta gente de lo de mi despido, de lo del pretendido viaje al extranjero sin tener una cosa fija? Nos lloverían sus consejos, y nada hay más temible que los consejos de la gente equilibrada, de buen criterio. Tendríamos que irnos sin decir adiós a nadie.

Las diez menos cuarto. La luna ha palidecido y va subiendo, membranosa y rígida, como un globo inflado. Se asoma a los aleros, a las buhardillas, a las azoteas. En la calle unas niñas que no se quieren acostar todavía cantan agarradas de las manos:

> *Quisiera ser tan alta como la luná,*
> *¡ay, ay!, como la luná,*
> *como la - lu - ná...*

Estoy tan abstraído que no he oído venir a mi mujer. Ni el chirrido de la llave en la puerta de entrada, ni su taconeo por el pasillo. Alzo los ojos y la veo de pie delante de mí.

–Hola, ¿qué haces aquí tan a oscuras?

Es verdad. Ya casi no se ve en la habitación, aunque mis ojos se han ido acostumbrando gradualmente. Y ni siquiera tengo cerca el periódico para que se dé cuenta de que hasta hace unos instantes he podido estar leyendo. Me siento turbado, como cogido en falta.

–Nada, te estaba esperando. ¿Por dónde has andado?

Se ha sentado a contraluz entre el balcón y yo, y, mientras habla, se saca los zapatos con un gesto de alivio.

–He ido al cine con Julián y Pura. Vinieron un rato esta tarde y me animaron. Era sesión continua; llegamos con la película empezada y yo quería verla entera. Por eso he tardado un poco.

–¿Qué tal era?

–Bonita. Del Oeste.

Ahora se levanta descalza, con los zapatos en la mano.

–¡Ay! ¡Qué gusto! Me hacen un daño horrible. Ya ni para andar poco los soporto. Los negros, fíjate, los que me compraste por mi cumpleaños. ¡Me da una rabia!

Se ha acercado a la puerta.

–¿Adónde vas?

–A preparar la cena. ¿Has merendado algo?

–No.

–En la fresquera había cosas.

–No he tenido gana.

Sale, La luz del pasillo. Luego la de la alcoba. (Se está poniendo las zapatillas.) La apaga. Apaga también la del pasillo. Da la de la cocina. Un rectángulo de luz, a través de la puerta abierta, revela en el suelo del pasillo el dibujo marrón y verde de los baldosines. Todavía permanezco un rato solo, a oscuras. Luego, me levanto atraído por el resplandor de ese rectángulo, como una mariposa de noche.

La cocina es pequeña y cuadrada. Reluce de tan limpia. Me siento en una silla de enea. Mi mujer manipula en el fogón, se acerca a los vasares, a la ventana, se inclina.

–¡Vaya! Otra cucaracha. Es una perdición. A ver si le dices de una vez a ese amigo tuyo representante que te dé el insecticida haciéndote el descuento.

–Bueno, mañana mismo.

–Pero no se te olvide; si no, lo compro yo. Y para qué vamos a tirar cuatro pesetas.

–Claro, mujer. Descuida.

Ahora se lo diré. Ahora, cuando se ponga a encender el hornillo de gas. Ahora, que está de espaldas.

–Marta.

–¿Qué?

Apenas la he oído. Tal vez no me ha contestado siquiera. No se vuelve. No. No se lo digo. No se lo puedo decir.

Pequeña pausa. Ya ha prendido la cerilla. Se levantan las llamitas azuladas y lamen los costados de la sartén.

–¿Qué pasa? ¿Qué querías?

Ahora se ha vuelto ella y busca algo en unos estantes que hay sobre mi cabeza. Podría abrazarla por la cintura, apretar la cabeza contra su regazo, pedirle que en mucho rato no se separara.

145

–No quería nada. Nada. ¿Por qué no me cuentas la película que has visto?

–¿La película? Bueno... –se sonríe–. No sé si te la sabré contar bien. Es de unos que roban ganado.

–Cuéntala, por favor.

Sin dejar de moverse por la cocina, empieza mi mujer su narración. De cuando en cuando se olvida de algunos detalles y tiene que volver para atrás. Se interrumpe, me mira y se ríe, como con azaro.

–Anda, sigue, mujer.

Tiene una voz monótona, pequeña, refrescante, voz para adormecer, para hacer regresar, para marcar los días todos iguales de una vida larga, voz de grillo en la margen de un camino. Sus manos van y vienen acompasadamente de una tapadera a otra como si se movieran a los acordes de su voz.

Es ella, mi mujer. Cuando se mueve es igual que si muevo un brazo mío. Y a un brazo de uno se le tiene amor, aunque casi nunca se sepa. De un brazo propio no se puede prescindir. No importa que sea flaco, o a lo mejor peludo, o que tenga incluso varias cicatrices. Y para colocarse en cualquier sitio hay que contar también con el lugar que él ocupará. No voy a prescindir de mi mujer. No puedo prescindir de ella. De ella precisamente, de la mía. Esta que se divierte en las películas del Oeste, la que mira las esquelas del periódico para condolerse cuando se ha muerto algún conocido, y quiere ahorrar cuatro pesetas del insecticida. La que si supiese que me han despedido del empleo, diría lo primero: «Me figuro que ya lo habrás arreglado otra vez». Porque es a ella a la que yo escogí, pudiendo haber escogido a otra. A ésta quiero. A la de voz de grillo en la margen de un camino.

–¡Ah, verás!, porque a todo esto el viejo había dicho que tenían que llegar antes del amanecer con todos los carros, y que él era el que más mandaba...

Nada. Decididamente no le digo nada. Tengo que arreglarlo. Mañana mismo. Iré a pedir perdón. Es lo mejor. Hoy mismo debía haber ido. Hubiera sido más eficaz. A lo

146

mejor todavía me admiten de nuevo. (Qué malestar tengo, qué náusea.) Aunque no sé; metí demasiado la pata. Diré que fue el calor. Le echaré la culpa al calor.

En fin. Y si no, iré a hablar con el señor Cano. Él una vez me dijo que le tenía a mi disposición para todo. Incluso me ofreció un empleo bastante bueno en su empresa.

–Y entonces la rubia, como estaba enamorada de Gary Cooper, dio el soplo de lo que había oído decir al malo de que les esperaban antes de llegar al poblado...

Sí. Lo tengo que arreglar. Mañana, en seguida. Volver al cauce, al carril, al sueño. (¡Qué malestar, Dios mío!) Primero iré, por si acaso. Y si no, Cano. Después, cuando ya haya pasado, se lo puedo contar a ella. Cano me da otro empleo, seguro. A lo mejor hasta con más sueldo. O, por lo menos, igual. Si no pensara ayudarme, no me lo hubiera dicho. Y yo conozco muy bien el francés; y soy buen mecanógrafo. Y taquígrafo. De mucha práctica. Para español y francés. Indistintamente. No todos sirven, qué demonio.

Mañana, mañana mismo. Un viaje a cualquier sitio ya lo haremos en las vacaciones de otoño, si Dios quiere. La guerra puede venir; y también no venir. Nunca se sabe. En todo caso, aquí la esperaremos. Es mejor así, bien mirado. Morir en la tierra de uno. (¡Qué gana tengo de llorar!) Y en la cama de uno, si se puede. Con Marta a la cabecera.

Realmente, me despedí yo solo. Nadie me dijo que me marchara. A lo mejor me readmiten, si cuento lo del calor. Diez años es mucho tiempo (un infinito, incalculable tiempo), y nunca han tenido queja de mí. Siempre, J. para arriba, J. para abajo... Así no le tendría que explicar nada a ella.

Sí, sí. Lo arreglaré. Volver al cauce, al sueño. ¿Por qué no habré ido hoy? Con tanto tiempo libre...

Pero mañana mismo. A primera hora. Lo tengo que arreglar, Dios mío. Lo tengo que arreglar.

Puerto de Navacerrada, julio de 1953

147

La trastienda de los ojos

La cuestión era lograr poner los ojos a salvo, encontrarles un agarradero. Francisco, por fin, lo sabía. Él, que era un hombre de pocos recursos, confuso, inseguro, se enorgullecía de haber alcanzado esta certeza por sí mismo, esta pequeña solución para innumerables situaciones. Por los ojos le asaltaban a uno y se le colaban casa adentro. No podía sufrir él estos saqueos súbitos y desconsiderados de los demás, este obligarle a uno a salirse afuera, a desplegar, como colgaduras, quieras que no, palabras y risas.

–¡Qué divertida era aquella señora de Palencia! ¿Te acuerdas, Francisco?

–Francisco, cuéntales a éstos lo del perrito.

–¿Verdad que cuando vino no estábamos? Que lo diga Francisco, ¿a que no estábamos?

–¿Margarita? Ah, eso, Francisco sabrá; es cosa de él. Vamos, no te hagas ahora el inocente; miras como si no supieras ni quién es Margarita. Se pone colorado y todo.

¿Colorado? ¿De verdad se estaría poniendo colorado? Pero no, es que lo interpretaban todo a su manera, que creaban historias enredadas, que lo confundían todo. Tal vez los estuviera mirando mitad con asombro, porque no se acordaba de Margarita, mitad con el malestar que no acordarse le producía y con la prisa de enjaretar cualquier contestación para que le dejaran volverse en paz a lo suyo. Aunque, en realidad, si alguien le hubiese preguntado qué era lo suyo o por qué le absorbía tanto tiempo, no lo hubiera podido explicar. Pero vagamente sentía que volver a ello era lo mismo que soltarse de unas manos empeñadas y sucesivas que le arrastraban a dar vueltas debajo de una luz fastidiosa, quebrada, intermitente, ante una batería de candilejas que amenazase a cada instante con enfocar sus ojos de nuevo. Era soltarse de aquellas manos y llegar otra vez a la puerta de la casa de uno, y empujarla, y ponerse a recoger sosegadamente lo que había quedado por el medio, y no oír ningún ruido.

Algunas personas hacían narraciones farragosas y apretadas sobre un tema apenas perceptible, minúsculo, que se llegaba a desvaír y escapar de las palabras, y era trabajosísimo seguirlo, no perderlo, desbrozarlo entre tanta niebla. A otros les daba por contar sucedidos graciosos que era casi indispensable celebrar; a otros por indignarse mucho –el motivo podía ser cualquiera–, y éstos eran muy reiterativos y hablaban entrecortadamente con interjecciones y altibajos, pinchazos para achuchar a la gente, para meterla en aquella misma indignación que a ellos los atosigaba, y hasta que no lo lograban y luego pasaba un rato de propina, volviendo a hacer todos juntos los mismos cargos dos o tres veces más, no se podían aquietar. Pero los más temibles, aquellos de los que resultaba inútil intentar zafarse, eran los que esgrimían una implacable interpelación seguida de silencio: «¿Y a eso, qué me dices?», «¿Qué te parece eso a ti?». Y se quedaban en acecho, con la barbilla ligeramente levantada.

Francisco andaba inquieto, como náufrago entre las conversaciones de los demás, alcanzado por todas, sin poder aislarse de ellas, pendiente de cuándo le tocaría meter baza. Y, aunque no le tocara, se sabía presente, cogido. Y le parecía que era sufrir la mayor coacción darse por alistado y obligado a resistir en medio de conversaciones que ni le consolaban ni le concernían, no ser capaz de desentenderse de aquellas palabras de su entorno.

Hasta que un día descubrió que todo el misterio estaba en los ojos. Se escuchaba por los ojos; solamente los ojos le comprometían a uno a seguir escuchando. Sorprenderle sin que le hubiera dado tiempo a ponerlos a buen recaudo era para aquella gente igual que pillar un taxi libre y no soltarlo ya; estaba uno indefenso. Eran los ojos lo que había que asilar; a ellos se dirigían. Francisco aprendió a posarlos tenazmente en las lámparas, en los veladores, en los tejados, en grupos de gente que miraba a otro lado, en los gatos, en las alfombras. Se le pegaban a los objetos y a los paisajes empeñadamente, sorbiéndoles con el color y el dibujo el tiempo y la pausa que albergaban. Y oía las conversaciones, desligado de ellas, desde otra altura, sin importarle el final ni el designio que tuvieran, distraído, arrullado por sus fragmentos. Sonreía un poco de cuando en cuando para hacer ver que estaba en la trama. Era una sonrisa pálida y errabunda que siempre recogía alguno; y desde ella se podían soltar incluso tres o cuatro breves frases que a nada comprometiesen. «Está triste», empezaron a dictaminar acerca de él; pero no le preguntaban nada porque no conseguían pillarle de plano los ojos.

Hablaban bien de él en todas partes.

—Su hijo, señora —le decían a su madre—, tiene mucha vida interior.

—Es que, ¿sabe usted?, como anda preparando las oposiciones... Yo lo que creo es que estudia más de la cuenta.

Francisco no estudiaba más de la cuenta ni tenía mucha vida interior. Se metía en su cuarto, estudiaba la ración precisa y luego hacía pajaritas de papel y dibujos muy despacio. Iba al café, al casino, de paseo por el barrio de la Catedral. A su hermana le decían las amigas:

—Es estupendo. Escucha con tanto interés todas las cosas que se le cuentan. A mí no me importa que no sepa bailar.

La casa de los padres de Francisco estaba en la plaza Mayor de la ciudad, y era un primer piso. En verano, después que anochecía, dejaban abiertos los balcones, y desde la calle se veían las borlas rojas de una cortina y unos muebles oscuros, retratos, un quinqué encendido. Al fondo había un espejo grande que reflejaba luces del exterior.

–¡Qué bonita debe ser esa casa! –decían los chavalines de la calle.

Y algunas veces Francisco los miraba desde el balcón de su cuarto. Los veía allí parados, despeinados, en la pausa de sus trajines y sus juegos, hasta que, de tanto mirarlos, ellos le miraban también, y empezaban a darse con el codo y a reírse. Francisco, entonces, se metía.

Un día su madre le llamó al inmediato saloncito.

–Mira, Francisco; mientras vivamos tu padre y yo, no tienes que preocuparte por ninguna cosa. Anoche precisamente lo estuvimos hablando.

Hubo una pequeña pausa, como las que se hacen en las conversaciones del teatro. Francisco se removía en su almohadón; los preámbulos le desconcertaban sobremanera y cada vez estaba menos preparado a escuchar cosas que le afectasen directamente. Se puso a mirar la luna, que estaba allí enfrente encima de un tejado, y era tan blanca y tan silenciosa y estaba tan lejos, que le daba un gran consuelo. Abría bien los dos ojos y se recogía, imaginando las dos lunas pequeñitas que se le estarían formando en el fondo de ellos. Su madre volvió a hablar, y ya no era tan penoso oírla. Hablaba ahora de un complicado negocio que, al parecer, había salido algo mal, y en el que Francisco debía tener parte. Esto se conocía en la precisión con que aludía a nombres, fechas y detalles de los que él, sin duda, tendría que haber estado al tanto. Se acordaba ahora de que ya otros días, durante las comidas, habían hablado de este mismo asunto.

–Tú, de todas maneras, no te preocupes. Ni por lo de la oposición tampoco. Se acabó. No quiero volver a verte triste. Con las oposiciones y sin ellas, te puedes casar cuando te dé la gana.

¡Ah, conque era eso! Francisco apretó los ojos a la luna. Seguramente su madre creía que estaba enamorado. ¿Lo estaría, a lo mejor? Alguna de las muchachas con las que había hablado en los últimos tiempos, ¿habría dejado una imagen más indeleble que las otras en aquel almacén del fondo de sus ojos? ¿Habría alguna de ellas a la que pudiese coger de la mano y pedirle: «Vámonos, vámonos»? Le empezó a entrar mucha inquietud. Allí, detrás de sus ojos, en la trastienda de ellos, en el viejo almacén, a donde iba a parar todo lo recogido durante días y tardes, se habían guardado también rostros de varias muchachas. Había una que, a veces, aparecía en sus sueños y le miraba sin hablar una palabra, igual que ahora le estaba mirando la luna. Era siempre la misma: tenía el pelo largo, oscuro, sujeto por detrás con una cinta. Él le pedía ansiosamente: «Por favor, cuéntame alguna cosa»; y solamente a esta persona en el mundo hubiera querido escuchar.

La madre de Francisco esperó, como si sostuviera una importante lucha interior. Él ya se había olvidado de que tenía que responder algo a lo de antes. Despegó los ojos de la luna cuando le oyó decir a su madre:

—Ea, no quiero que te vuelvas a poner triste. Cuando te dé la gana te puedes casar. Y con quien te dé la gana. Ya está dicho. Aunque sea con Margarita.

Francisco notó que su madre se quedaba espiándole furtivamente y sintió una fuerte emoción. En el mismo instante tomó su partido. No le importaba no saber exactamente quién era Margarita, no acordarse ahora del sitio en que la había visto por primera vez. Ya eran muchas las veces que unos y otros le nombraban a esta Margarita (y él, tan torpe, no había reparado), a esta muchacha humilde de sus sueños que seguramente le quería. Sería insignificante, alguna amiga de sus hermanas, amiga ocasional, inferior para ellas, que todo lo medían por las buenas familias. Habría venido a casa algún día. Alguna empleada, a lo mejor. Su madre le había dicho: «Aunque sea con Margarita».

Pues con ella; con otra ya no podía ser. Tenía prisa por mirarla y por dejarse mirar, por entregarle sus ojos, con toda aquella cosecha de silencios, de sillas, de luces, de floreros y tejados, mezclados, revueltos, llenos de nostalgias. Sus ojos que era todo lo que tenía, que valían por todo lo que podía haber pensado y echado de menos, se los daría a Margarita. Quería irse con ella a una ciudad desconocida. Depositar en la mirada de Margarita la suya inestable y desarraigada. Solamente los ojos le abren a uno la puerta, le ventilan y le transforman la casa. Se puso de pie.

–Sí, madre, me casaré con Margarita. Me casaría con ella aunque te pareciera mal. Ahora mismo la voy a buscar. Tengo que verla.

Se lo dijo resueltamente, mirándola a la cara con la voz rebelde y firme que nunca había tenido, sacudiéndose de no sé qué ligaduras. Luego, a grandes pasos, salió de la habitación.

enero de 1954

Ya ni me acuerdo

El año pasado estuve con los de Ibérica Films en el pueblo donde estudié los primeros cursos del bachillerato, cuando mi padrino era juez de allí. Hay una catedral muy interesante y restos de muralla romana. También es hermosísimo el paisaje del contorno, ya cercano a la frontera de Portugal. Fui yo quien había sugerido la idea de hacer un documental de esta zona y era mío el guión literario.

Después de cinco días un poco malgastados por culpa de ratos de lluvia, cuando ya habíamos terminado de rodar lo del pueblo, amaneció una mañana sin nubes y Torres con los otros aprovechó para ir a tomar las fotografías que faltaban del campo. Salieron temprano y dijeron que a lo mejor lo terminaban todo en aquel día y que por la noche nos volvíamos a Madrid.

Julián y yo nos quedamos en la fonda y dormimos hasta bastante tarde. Era el cumpleaños de Julián y estaba de muy mal humor porque contaba con haber estado ya de vuelta aquel día para celebrarlo con su plan de entonces, una tal Silvia, muy guapa, que ahora trabaja en televisión y está liada conmigo.

–¡Qué más da un día que otro! –le dije–. Lo celebráis mañana.

–Ya; pero era un pretexto para irnos por ahí a bailar. Sin pretexto, no hay ambiente. Mañana ya no tiene gracia.

–¿Y estás seguro de que iba a tener gracia hoy? –insistí. Ya un rato antes me había estado riendo del entusiasmo con que aseguraba estar enamorado de la tal Silvia y se molestó. Dijo que no estaba seguro de nada más que de que le dolía la cabeza y de que yo era un tío aguafiestas. A lo cual sucedió un silencio, torvo únicamente por su parte. Yo, en cambio, estaba alegre y tranquilo. Me gustaba ver el sol después de tantas mañanas nubladas. Comimos, como en los días anteriores, en el restaurante que tenía el futbolín, y luego volvimos a la fonda porque nos habíamos olvidado el tabaco y los periódicos. Habíamos bebido algo. Yo tenía ganas de pasear.

–¿Más paseos? –protestó Julián cuando se lo propuse–. ¿No tienes ya más que aborrecido el dichoso pueblecito?

Se echó en la cama y, al poco tiempo, le empezó a entrar sueño. Dijo que cuanto más se duerme, más se quiere dormir. También habló de las ganas que tenía de darse una ducha en un cuarto de baño decente. La gente de cine se queja, por sistema, de lo que no es muy refinado, y en aquellos días me habían hartado un poco entre todos con sus continuas ruedas de protestas. Abrí el balcón y avanzó un rectángulo de sol hasta las mismas patas de hierro de la cama. Me senté y metí allí los pies como en un barreño de agua templada. Era marzo. Veía toda la plaza que tantas veces crucé de pequeño para ir al Instituto. Dieron las cuatro.

–Me dan ganas de llamar a ese amigo que te dije el otro día –le comuniqué a Julián.

–Pero ¿no le llamaste ya?

–Sí. Es que no estaba. Me dieron el teléfono de la oficina donde trabaja, pero luego lo pensé mejor y me entró pereza.

–Claro. Como que es una lata reanudar relaciones –dijo Julián–. No sabes qué decir. Luego te pesa.

No le contesté nada y seguí sin moverme. Sin embargo, la nostalgia iniciada los otros días se hacía cada vez más aguda. Empezaron a sonar campanadas leves del convento de las monjitas. Enfrente, el hombre gordo de la tienda-bar-pastelería vino a levantar el cierre. Lo dejó a medias y volvió la cabeza para hablar con uno que pasaba y que se paró para decirle algo. No se despedían. Con los ojos entornados los veía manotear, entre destellos de iris, como si estuvieran mucho más lejos. Había dos galgos echados en medio de la plaza.

A las cuatro y media salí al pasillo para telefonear. Julián levantó los ojos de una novela policíaca que había cogido.

–¿Dónde vas?

–A llamarle por fin a ése. Para lo que estamos haciendo...

El teléfono estaba al lado de la puerta de nuestro cuarto.

Cuando ya había marcado, oí a Julián que todavía me disuadía, a través de la puerta entreabierta.

–Venga, no seas, déjalo. Si ni se acordará de ti...

Pero, casi inmediatamente, para desmentirlo, me llegó del otro lado del hilo una voz que se encendió jubilosamente al oír mi nombre. ¿No acordarse de mí? ¿Estaba yo loco?... ¡Pero hombre; pero hombre, qué alegría! Que cuándo había llegado.

–Hace unos días. Me voy esta noche.

–¿Esta noche? Conque me llamas a lo último por cumplir. Muy bonito. Pero no te creas que te vas a librar de verme, eso ni hablar, te lo aviso. ¿Y a qué has venido? No serás de los del cine.

Le dije que sí con cierta timidez y pareció muy emocionado. Él lo había dicho siempre, que yo llegaría lejos. ¡Pero mira que era faena no haberle llamado antes! Seguro que incluso nos habíamos visto en la calle sin reconocernos.

Se oía un roce de papeles, un cercano tecleo de máquina de escribir. Seguros Rosillo. El edificio de la esquina de la plaza. Ya estaba allí hacía cinco años. Y contento. Le daban libertad.

–Verás, vamos a hacer una cosa... ¡Es que también te gastas unas horas para llamar a un desgraciado chupatintas! ¿Tú tienes la tarde libre?

157

–Sí. Puedo ir un rato. Estoy en la fonda de enfrente. No, no. Allí, a la oficina, mejor que no fuera. Era como solemne, antipático volvernos a encontrar allí. Pediría que hoy le soltaran pronto, y yo, mientras tanto, daría un paseo con su hermana Amparo que también iba a ponerse muy contenta de volverme a ver. ¡Cuando supiera que había venido el largo! Le quise interrumpir, pero no pude. Él la iba a avisar inmediatamente para que viniera a recogerme.

–¡El largo –decía–, pues no es nadie! ¡Volver de pronto el largo, por sorpresa, metido en cosas de cine! Ya no te enfadarás de que te llamen largo.

Se reía. Venía su risa hasta mi oído en culebrillas, como un calambre nervioso.

–No. Ya no me lo llama nadie. Pero escucha, Rafa... Nada. No me oía. Resumiendo: hasta que a él le soltaran, vendría Amparo a buscarme. ¿Estábamos de acuerdo? Dentro de un cuarto de hora. Protesté en cuanto pude. Por Dios, cuánta complicación. Amparo tendría sus quehaceres. Pero la voz de mi amigo se alzaba inexorable, como la rúbrica a los pies de un edicto. Yo, a callar, ¿lo había oído? Me callaba. En Madrid, cuando ellos fueran, organizaría las cosas yo. Dentro de un cuarto de hora, pasaba Amparo. La fonda grande, ¿no?, la de la Estrella.

Se lo dije a Julián, cuando colgué. Que me habían liado los amigos aquellos y que no había podido decirles que no.

–¿Cómo amigos? ¿No era uno sólo?

–Sí, pero primero viene su hermana. No he podido rechazar.

–Ya. No te dejaba ni meter baza. ¿Qué te decía tanto tiempo?

–Nada. Que qué alegría.

Me puse a peinarme delante del espejo, mientras él me miraba divertido, echando el humo del pitillo hacia la alta lámpara de platillos verdosos.

–Con que me abandonas por dos niñitos que han crecido. Sólo a ti se te ocurre...

–Vente con nosotros si quieres –le ofrecí.

Julián frunció el entrecejo.

–¿Yo? Pues vaya un plan que me preparas! Lo que voy a hacer es dormirme. Pero telefonea dentro de un rato, tú, no vengan ésos, que yo estoy deseando largarme.

–Bueno, hasta luego.

–Hasta luego. Y que, por lo menos, esté bien la chica. Cierra un poco ahí. ¿Estaba bien de pequeña?

–Eran dos hermanas. Ya ni me acuerdo.

Hoy he pasado todo el día con Silvia. Enlazamos desde anoche, así que después de comer en un restaurante de la carretera de La Coruña estábamos los dos algo cansados. Sin embargo, aún no hemos llegado a la etapa en que esto se puede decir sin que el otro se ofenda, sino que es necesario fingir que se ha olvidado todo proyecto y preocupación ante la maravillosa realidad del ser deseado.

De sobremesa miré disimuladamente el reloj y decidí borrar de mi mente una cita que tenía con los de la productora para la que ahora trabajo. Silvia se estuvo arreglando en el tocador y vino muy guapa. Yo, que había terminado el coñac, miraba mi Seat aparcado fuera y del que aún no he tenido tiempo de aburrirme. Me repetía: «Es mío». Dejé de mirarlo para atender a las caderas de mi amiga, cuando se sentaba, y vagamente las relacioné con el Seat. Tal vez porque tampoco me he aburrido de ellas aún.

Me sonrió y al cabo de un rato me estaba acariciando la mano en la que sostenía el pitillo, y diciéndome por enésima vez lo mucho que para ella ha significado nuestro encuentro del invierno. Con lo cual salió a relucir Julián. A las cinco ya me había contado no sé cuántas historias relacionadas con él y conmigo. Muchas me las ha contado también otras veces. Le extraña que yo no le tenga antipatía por el hecho de haberme precedido en recibir sus favores amorosos. Además afirma que conmigo se portó muy mal y para esclarecer este criterio se lanza, haciendo paralelos y diferencias entre el comportamiento de él y el mío, a un exaltado examen retrospectivo de una historia que para mí es insignificante. Dentro de algún tiempo (al ritmo que vamos puede calcularse en un mes y pico) notará que me aburre con estos chismes y se enfadará. Dirá que no la oigo. Pero hoy, a pesar del silencio con que eran acogidos sus abundantes «¿no te parece?», se limitó a afirmar encendidamente que soy un buen amigo y que nunca hablo mal de nadie.

–No, mujer. Lo que pasa es que Julián no es mi amigo ni mi enemigo. Sólo un conocido del que me importa más bien poco. Desde el documental del año pasado, ya sabes que apenas si le veo...

Por ahí se desvió la conversación y nos pusimos a hablar del documental que, por haber obtenido un brillante puesto en clasificación, dio arranque, al ser estrenado, a una serie de circunstancias fulminantemente favorables para mi carrera. A Silvia le parece mentira no conocerme de antes, dice que desde siempre estoy en su vida.

De pronto me acordé de Amparo con un súbito remordimiento, de nuestro paseo de hace un año. A estas horas, todavía no habíamos llegado al río. La eché de menos.

–Precisamente hoy es el cumpleaños de Julián –dijo Silvia–. No tengas celos, me acuerdo sólo porque también es el de mi hermano Carlos...

No contesté. Arrimó su silla a la mía y se puso a acariciarme el cogote.

–Eres un niño, los hombres sois como niños. Capaz serás de haberte enfadado. Vamos...

Repitió varias veces «vamos, vamos», espaciadamente, como una melodía a la que daba dulces inflexiones, y, a pesar de que no la miraba, me sentía a disgusto bajo el intenso haz apasionado con que detallaba mi perfil. Sobre todo por la interferencia que suponía para mis recuerdos, concretados ahora en el esfuerzo de reproducir el texto de la única carta que Amparo me escribió, a los pocos días de mi vuelta a Madrid. Una carta poética. «Ya sé que cada una de las personas que te conozca –decía– se habrá hecho de ti una idea y que esta idea será distinta de la que yo me he formado. Pero todas estas imágenes son las que componen tu ser, y por eso yo, aunque nunca volviera a verte, he reflejado y guardo una parte de tu ser. Solamente te pido que me escribas una vez para decirme si tú también has guardado algo de mí. Escríbeme en seguida porque luego vendrá el tiempo a echar nuevas imágenes encima y todo se borrará. Ha sido tan endeble nuestro conocimiento y, sin embargo, ¡cuántas cosas...!»

–¡Cuántas cosas han pasado en un año!, ¿verdad, mi vida? –interrumpió Silvia, y los pedazos de la carta sin contestar se esparcieron al viento–. Por lo menos para mí. ¿Para ti?

Me encogí de hombros. También Amparo, como esta mujer, pensará que me han pasado muchas cosas en este año. Pero es un poco triste tener que decir que a uno le han pasado cosas porque se ha comprado coche y un apartamento.

–¿En qué piensas? –me apremió Silvia, al cabo de un rato.

–En nada.

–En algo pensarás.

–Pues sí. Me estaba acordando de una chica. Silvia cesó instantáneamente en su operación de acariciarme.

–¿Una chica? ¿Y a eso llamas «nada»? ¿Quién es?

–No la conoces.

–¡Pero dime por qué te acuerdas de ella! Yo soy muy celosa. Me pongo mala si piensas en otra. Mala, lo que se dice mala. Y me alegro de que salga en la conversación para que lo sepas –me miraba; hubo un silencio–. Di algo. ¿No eres celoso tú?

A una mujer como Silvia se sabe que le tienen que halagar los hombres celosos, así que habría tenido que responderle afirmativamente si quería aceptar la nueva regla recién propuesta para continuar con interés el juego en que andamos metidos y cuyo círculo no hemos rebasado aún. Ese círculo donde se da por supuesta una magia de amor que se siente uno comprometido a no empañar, y más aún que tiene obligación de alimentar con un fluido permanente lubrificante de cada palabra y cada mirada.

Yo sabía perfectamente todo esto y también lo que habría tenido que responder en aquella ocasión, igual que sabe un jugador profesional el naipe que conviene enseñar a cada instante. Pero sentí todo mi ser entumecido por tantas horas de postura mantenida a la fuerza y tuve ganas de abandonar el juego. Así que cuando dije secamente: «No, no soy celoso. Los celos son una estupidez», era como si me estuviese levantando y tirase las cartas sobre el tapete verde.

Silvia se quedó tan resentida como era de esperar. Es la primera vez que le he hablado en este tono.

–Entonces es que yo soy una estúpida –aventuró, aun sin rencor, como si lanzase un cable para que yo me agarrara.

–No sé. Podría ocurrir. No te he tratado lo bastante.

–Vaya. Muchas gracias, rico.

También es la primera vez que ella ha puesto en este adjetivo con que suele endulzar sus transportes amorosos una nueva carga de enemistad y agresión. Dejé que la carga estallara, y su eco quedó vigente en el silencio tenso y largo que se sucedió. Fue ella quien, incapaz de soportarlo, preguntó con una voz entre sarcástica y deportiva, demasiado parecida a la que tantas veces se ha escuchado en el cine:

–¿Y quién es esa chica tan maravillosa, si se puede saber?

–Yo no he dicho que fuera maravillosa.

–Hombre, pero se nota. Acordarte de ella y hablarme con despego ha sido todo uno. A ver si te crees que he nacido ayer.

No dije nada. Silvia me hizo mirarla con un gesto brusco de levantarme la barbilla.

–¿Tan guapa es? –preguntó.

La miré. Tenía una seriedad estólida. Me pareció alguien con quien no se puede llegar jamás a establecer ni remotamente algo parecido a la comunicación.

–No era guapa –dije tan sólo, como si hablara de una muerta con otra muerta.

Luego pagué al camarero y salimos.

A Rafa no le llegué a ver, y desde las seis dejé de mirar la hora. Su hermana me entretuvo, prendiéndome e intrigándome poco a poco con lo que decía y lo que callaba, primero de paseo por el río, luego en varias tabernas.

–Te quiero llevar a las menos finas –repetía en el umbral de cada una, con reto y avaricia, como si defendiera su honra–. ¡Aquí no pisan nunca señoritas!

En la última donde estuvimos, ya de noche, nos vinieron a encontrar Torres y los otros que andaban buscándome locos desde media tarde. Tenían el coche aparcado fuera, pero a la urgencia con que me instaban a emprender el viaje de regreso, se mezclaba un cierto azaro, al verme sentado en un rincón con aquella chica de ojos medio llorosos que enlazaba su mano con la mía. Le dejé unas líneas de excusa para Rafa, y ella, sentada aún en la misma postura en que nos habían encontrado los amigos y desde la cual les había alargado la mano sucesivamente en silencio, murmuraba, mientras me miraba trazar las líneas de aquel mensaje apresurado para su hermano:

–¡Y qué más da Rafa ahora! ¡Qué más da! ¡Qué más da todo!

Hice silencioso el viaje de regreso, como arrancado a la fuerza de un mundo al que empezaba a asomarme, y apenas me enteraba de las bromas de Julián, que no hacía más que reírse con los otros. Hasta que me hice el dormido para que me dejaran en paz. Por dentro de los ojos cerrados, Amparo, o sea el fragmento de su imagen que me había sido dado poseer, revivía para mí solo.

Amparo tenía los ojos azules. Es la primera y tal vez la única seña que alguien podría haber dado de ella: ojos azules. Unos grandes ojos solitarios, estancados seguramente en la mirada que habrían tenido para el novio primero. Pálida, aséptica mirada, como de llama de alcohol.

Cuando la esperaba a la puerta de mi pensión, como había convenido con Rafa, y la vi cruzar la plaza, estirándose un poco la chaqueta, atenta a sus tacones, me pesó de antemano como una condena el tiempo que íbamos a tener que pasar juntos. Y cuando me preguntó, ya caminando a mi lado, que dónde prefería ir, y que si me gustaba la parte del río, le dije que me gustaba todo y me lancé a hacerle un elogio del pueblo y de las tardes de primavera con frases ampulosas y convencionales que se enlazaban unas con otras, conforme íbamos andando. Hablé bastante rato. Siempre que me enfrento con alguien cuyo mundo sospecho que puede serme demasiado distante, echo sin tino palabras como piedras a esa zanja que siento abrirse en medio, en lugar de tratar de entenderla y salvarla, o mejor de mirar a ver si en realidad se ha abierto. Amparo se echó a reír.

—A mí eso no me lo digas con tanto calor. Díselo a tus amigos de Madrid cuando vuelvas.

Era una risa rara y tuve miedo de haberla ofendido. Me cortó. Comprendí que mis palabras habían sido piedras tiradas al azar y que podría haberla alcanzado con alguna, no sabía con cuál ni cómo porque se me borraba —tan inútil era— todo lo que había dicho.

Bajábamos por una callecita mal empedrada que termina en el barrio del río. Ella miraba frente a sí como si caminara sola. Nos paramos en la plaza del Instituto.

—Te acordarás —dijo.

—Claro. Ya vine ayer.

Me sentía en falta, apesadumbrado.

—¿Lo sacáis en el documental? —preguntó.

—No. Vine por mi cuenta. Porque me gustaba venir. Estábamos quietos, mirando fijamente la puerta del Instituto cuyo umbral habíamos surcado tantas veces en racimo, corriendo. Todo estaba silencioso. Solamente se oían los golpes acompasados que daban dentro del patio unos hombres que estaban picando piedra.

—Ya. Para eso está bien este pueblo —dijo Amparo—. Para acordarse. Y para sacarlo en un documental. Para eso, bueno. ¿Vamos?

—Como quieras.

Al llegar al arrabal del río, las casas son bajas y desiguales. Algunas mujeres nos miraban por las ventanas abiertas;

otras, desde la puerta, levantando los ojos de su costura. Se vislumbraban algunos interiores, camas con muñeca echada sobre la colcha, floreros. Amparo se torcía sobre los guijarros en cuesta y le ofrecí mi brazo. Se cogió sin mirarme. Niños jugando, barreños de agua, gallinas se fueron quedando atrás. Sentía el roce de sus dedos oprimiéndome la manga de la chaqueta. Al enfilar el puente, se soltó.

–¡El río! –exclamó impetuosamente.

Y me precedió con un taconeo firme. Nos acodamos en la barandilla ancha del puente romano, a mirarlo. ¡Qué bueno hacía! Casi calor. En la aceña se alborotaba el agua y las espumas venían deshaciéndose hacia nosotros.

–Todavía el mes pasado arrastraba trozos de hielo –dijo Amparo–. ¿Quieres que vayamos allí, a la chopera? Se está muy bien.

Y, al proponerlo, me miró y tenía una chispa de alegría en los ojos azules. Pero luego, sentados en la chopera, le volvió aquel particular encogimiento, como si temiera haber sido demasiado espontánea, y se puso, sin transición, a hablarme de cine. Le gustaban mucho los documentales. Me pasmó que conociera los títulos de los más recientes, premiados en certámenes de todo el mundo, el nombre de sus directores y el tema de cada uno. Se gozaba en opinar acerca de ellos casi como si los hubiera visto. Estaba abonada a las mejores revistas. Dijo que el documental era tan interesante o más que las películas con argumento, que, o bien eran incapaces de dar la sensación de realidad, o la camuflaban. Teníamos enfrente, en la otra orilla, la silueta del pueblo rematado por la catedral.

–Por ejemplo –dijo–, el que quisiera hacer una película buena de la vida de este pueblo tendría que ser un genio. Pero en un documental se pueden sacar las cosas que no cambian. Las que están siempre ahí, a la vista, como cuando éramos pequeños. Y si está bien hecho, es arte. Es verdad.

Yo convine en que sí, pero que era un género más limitado. Sin embargo, no me gustaba aquella conversación. El tono de amargura que había en el fondo de todo lo que decía Amparo me hacía desear acercarme a conocerla un poco, pero me sentí torpe. Aproveché un silencio para tirar del hilo de los recuerdos de infancia y evocar los días en que andábamos por aquel mismo sitio, cazando lagartos. Nombré a Rafa, a Joaquín y a otros niños de la pandilla. Ella movió lentamente la cabeza. Dijo que no se acordaba.

—Sí, mujer —insistí—. Cuando hacíamos novillos. ¿No te acuerdas de cuando remábamos? Estoy seguro de que venías también tú.

—Yo nunca he hecho novillos —dijo, seria—. Ya suponía que me estabas confundiendo con mi hermana. Yo soy Amparo, la mayor.

Nos estábamos mirando. De pronto abatió los ojos, como si no soportaran mi inspección, y se puso a jugar con unas hierbas del suelo. Precisamente acababa de reconocerla. Era una niña mayor que yo, muy lista, de trenzas rubias. La otra hermana era más guapa y tenía mi edad. Amparo sacaba siempre sobresalientes y estuvo enferma del pecho. La tuvieron casi un año en la cama y aquel curso se examinó por libre. Un día fui a buscar a Rafa y entramos al cuarto de ella a recoger algo. Yo avancé apenas: me daba aprensión. Estaba sentada en la cama con almohadones a la espalda y muchos libros sobre la colcha. Me fijé en las manos larguísimas y delgadas, las mismas que ahora arrancaban briznas de hierba.

—Clara se ha casado —informó—. Yo soy cuatro años mayor. ¿A que tú decías Clara?

Estaba turbado de haberla confundido con la otra. Pero creía que ella había venido también con nosotros al río. Insistía con falsa seguridad para disimular mi turbación.

—No —dijo, terca—. Yo no. Lo puedes jurar.

—Pero ¿qué pasa con el río? —intenté bromear—. Hablas de él como de un lugar maldito.

—No, no. ¡Qué disparate! Es lo más mío del pueblo. Siempre lo ha sido.

Sus manos arrancaban hierbas cada vez más de prisa.

—¿Entonces?

166

–Nada. Que no había aprendido a remar, como vosotros. Y cazar lagartos me horrorizaba. Venía, pero sola. Eso es todo.

Cogió un pitillo que le encendí, después de dos tentativas. Se inclinó al cuenco de mis manos y rocé con ellas su mejilla. Ya fumando, parecía tranquila y ausente. –Cuéntame por qué no venías con nosotros –reanudé.

–No sé. Me daba vergüenza. Y envidia, en el fondo. Andar sola era una defensa como otra cualquiera.

–¿Y qué hacías?

–Estudiar. Y hacer versos, hijo, lo siento.

–¿Por qué lo sientes? Ni que fuera algo malo.

–Tampoco es bueno, si se queda crónico. Yo tuve un novio que decía que los versos en una mujer son síntoma de mala salud.

–¡Qué bruto!

–No; tenía razón en eso. Y en otras cosas. También decía que a mí sólo pueden aguantarme los niños. Vámonos de aquí, ¿quieres? –cortó, levantándose–. Me quedo un poco fría.

Se sacudió la falda mirando, hierática, el contorno del pueblo al otro lado del río, anaranjado y duro contra el poniente que se iniciaba.

–¿Por qué los niños? –le pregunté con dulzura–. Todas las conversaciones te gusta dejarlas cortadas.

Me miró con un titubeo.

–Los niños, porque soy maestra, maestra nacional. Ésa es la clave de todo.

Me contó luego en la carta que estaba muy a disgusto, sin confesarme que era maestra; es una dedicación que está desprestigiada y, aunque ella la adora, se deja influir por la opinión de los demás. Le alivió mucho que yo dijese, mientras la cogía del brazo:

–Anda, vamos a beber un poco de vino por ahí y deja de defenderte. Me gusta mucho estar con mi amiga la maestra, y todavía queda algo de tarde.

Eran casi las seis. Las oímos dar en el reloj de la catedral cuando entramos en aquella tabernita. Había notado ella el deseo que me asaltó de acompañarla, y me pidió que no fuéramos a buscar a Rafa todavía, que no volviéramos a mirar el reloj. Se reía.

–Queda mucha tarde, la tarde es joven –dijo al beber el primer vaso de vino.

Al salir de allí íbamos del brazo por calles en cuesta. Me quería llevar a las tabernas que nunca pisa la gente fina. Ella iba cuando quería. Y también con los niños de su escuela en verano a bañarse al río. La criticaban, la criticaban por todo. Levantaba con empeño, exhibiéndola para mí, la bandera de las malas lenguas. La conversación se me desmenuza en el recuerdo. Le hablaba también yo de mi trabajo, de los esfuerzos que hay que hacer en el mundo del cine para conseguir una labor decente. Montaba para ella un personaje puro, incontaminado de las intrigas que urdían los demás para medrar. Lo veía reflejado en el brillo de sus ojos azules como en un espejo, destacándose de Torres, Julián y de todos mis compañeros habituales a los que había olvidado por completo, a pesar de que aludía a ellos. Me gustaba ser aquel personaje para Amparo, y el vino bebido con ella, en los sucesivos locales, tomaba entidad por sí mismo, dejando de ser un recurso de aquel poco de tiempo que me faltaba para alcanzar mi mundo interrumpido. Este mundo de fantasmas. Amparo tenía las manos frías y el rumor de los locales nos aislaba, acercándonos uno a otro.

Durante algunos días, Julián, Torres y los demás me parecieron más mediocres y aburridos que nunca.

De la carta de Amparo, que tardé algún tiempo en romper, no me reí, como ella tal vez habrá temido, y hasta incluso buscaba de nuevo su lectura en los ratos de abatimiento, con la avidez con que se quiere escuchar una voz diferente, cuando por todas partes nos agobia un clamor demasiado sabido y uniforme. Pero solamente se podría haber contestado con un telegrama que dijese: «Ven. Me caso contigo», o con una visita para reanudar lo que había quedado suelto. A una carta sentimental, del tipo de la suya, no habría habido derecho y, además, era difícil. Un hombre atareado de la ciudad rechaza toda introspección y sutileza, y yo tenía muchos asuntos que reclamaban mi tensión todo el día. Pensé mandarle algún libro o regalo, pero me parecía pobre e inoportuno. Lo fui dejando.

Por la cuesta de las Perdices la pierna de Silvia empezó a rozar la mía. La miré y, como estaba lloriqueando, le pedí perdón por mis brusquedades. Sacó una voz dolida para concedérmelo.

−¿Vamos a tu piso?

−Sí.

Por Puerta de Hierro ya me miraba tiernamente.

−De verdad, ¿qué hubo con esa chica, Juanjo?

−Nada, mujer, te lo aseguro.

−Pero ¿nada, nada?

−Nada en absoluto. Era una muchacha provinciana, más bien feíta. Sólo di un paseo una tarde con ella el año pasado.

−¿Y por qué te acordaste?

−Por lo del documental.

−¿Me lo juras?

−Te lo juro.

Silvia pareció quedarse tranquila. Llegados a Madrid, en una parada de semáforo de la calle de la Princesa, me preguntó todavía, como al descuido, mientras encendía un pitillo:

−¿Cómo se llamaba?

−¿Quién?

−La chica esa.

−¡Ah!, Amparo. O Clara. Ya ni me acuerdo.

Variaciones sobre un tema

La fisonomía de un invierno, tomado en su conjunto, es de por sí difícil de individualizar, y ya llevaba cinco avecindada en Madrid Andrea Barbero cuando vino a sentirse picada por la comezón de desglosar de aquel que concluía, al calor de los primeros soles de marzo, el perfil de cada uno de los otros.

Para hablar propiamente, más que tal comezón empezó siendo un mero echar la cuenta por sí misma, como si se le presentara por vez primera la necesidad de constatar que habían sido cinco los años transcurridos –aunque ya las conversaciones de su madre, proyectadas de ordinario a la pura evocación y esmaltadas de fechas por doquier, sirvieran para suministrarle sobradas referencias de tiempo y de lugar–; y, si bien es verdad que esta necesidad había llegado a asaltarla de manera bastante reincidente en los últimos meses, interfiriendo incluso de improviso su quehacer habitual, sorbiendo entera su capacidad de concentración, también es la verdad que se trataba de inerte y bien cerril concentración la aplicada por Andrea al repaso mental de los inviernos y que de aquel balance ni ideas ni emociones resultaban, tan sólo la evidencia de confirmar un número. Ni siquiera hubiera sabido dar la razón que la impulsaba a buscar por inviernos en lugar de buscar por primaveras, porque la única imagen invernal que soba pintársele con toda precisión, la de unos árboles del Retiro dibujándose contra un frío atardecer violeta, no pertenecía a ese tiempo de los cinco años en cuyo amasijo revolvía inútilmente, sino al de su primera visita a Madrid desde el pueblo, aún en vida del padre. Muchas veces, acompañada o sola, había vuelto después, cuando ya le era familiar la ciudad, a la glorieta del parque desde donde miró las copas de los árboles aquella tarde antigua, pero nunca había vuelto a estar el tiempo en ellos mismos, en el dibujo de sus ramas contra el cielo como entonces.

–¡Digo dos para leche! Te digo a ti..., dos para leche, ¡dos! –se sentía a menudo interpelar desde que, a raíz de su último cumpleaños, empezó a padecer semejantes ensimismamientos repentinos, de los que a duras penas conseguía salir para reincorporarse al ritmo de la cafetería–. Pero ¿en qué estás pensando?

Y aparte de que, en el seno de tal tráfago, ninguna explicación medio cabal hubiera hallado asilo, quién sabe si tampoco ella, sin más ni más, podría sentirse dispuesta a tan inusitada explicación, aun dando por cesado aquel chocar de platos y cucharas, de tazas y de vasos, ahora al uso, y ya sucios, y otra vez recogidos, y de nuevo lavados bajo el chorro, para volver a emparejarse en pertenencias alternativas y fugaces con sucesivos rostros de peticionarios cuyo único distintivo era la mencionada y casual atribución –«aquel a quien falta un cuchillo», «el de la taza grande», «el que quiere dos terrones», «la del vaso largo con raja de limón»–, rostros inconsistentes, asomados al otro lado de la barra como a un abrevadero; aun suponiendo, digo –y ya era suponer–, que por extraño ensalmo la enojada pregunta con que la compañera de los ojos pintados venía a atosigar no hubiera sonado allí precisamente, desvirtuada entre tantas estridencias, sino en lugar idóneo y sosegado, a orillas, por ejemplo, del arroyo que corría por la ladera de los cantos en el pueblo donde Andrea nació, lo cual sería admitir al propio tiempo que el rostro de la amiga, al lanzar su «¿qué piensas?», no estaría crispado por la prisa y alejado en verdad de lo que preguntaba, sino entregado a la pregunta misma; aun entonces, ¿qué habría podido ella responder, de intentar ser honrada? Ni siquiera, en verdad, «pienso en el tiempo pasado», ya que los inviernos gastados en Madrid se le presentaban simplemente como cinco palotes pintados en el aire del local, sin más decirle nada, fuera de que eran cinco y, además, apenas aquella terca voluntad de recuento cedía a las presiones insoslayables del exterior, volvían a amalgamarse, incontrolables e indistintos, en el tronco confuso de todo lo vivido, lo cual era como desvivirlos y darlos por rezagados, por vueltos al claustro de lo no ocurrido todavía, y éstos eran los momentos en que, tomando su lugar, la imagen aislada de aquella otra tarde que parecía no tener nada que ver con esto y que ella llamaba en su recuerdo «la de mi escapatoria» quedaba sustituyéndolos, clara y estática, como un telón pintado, delante del cual ninguna función hubiera venido aún a desarrollarse.

–Estaba contando cinco y tú me espantas el número; quítate de ahí, que se me va la cuenta y no puedo dejarla de atender –podría haber sido, en todo caso, la frase más cabal de Andrea a su compañera, aunque de tan espontánea y directa resultaba en verdad informulable, teniendo en cuenta las inaplazables llamadas del entorno.

¿Cómo escapar, en efecto, a aquellas voces, gestos y ruidos que sin cesar interferían, mezclándose a lo propio? Precisamente el tiempo en que esta fórmula «escapar», hoy impracticable, había resultado aún valedera, era ese tiempo que en vano se intentaba contrastar con los cinco palotes de ahora y que un poeta chileno cliente de la cafetería llamó una vez, hablando con Andrea de su infancia, «edad de lo obvio», significación que, aclarada más tarde gracias al diccionario (obvio = muy claro, que está delante de los ojos), le produjo el placer de sentir identificada con una noción ajena la que ella misma guardaba sin expresar de ese tiempo donde dar un salto y echarse fuera de lo que

173

acosa es algo tan incuestionado como mirar o beber. Pero es que un echarse fuera de los de entonces daba por supuesto, en primer lugar, que había algo que estaba fuera, lo cual ya no era poco: no confundir los campos, dominar los propios límites, saber qué era lo exterior. Y la magia residía en el poder de reducir a exterior cuanto se prefería tener lejos, mientras cabía, por otra parte, volver propio lo que se prefería anexionar. Ahora nada estaba puesto lo suficientemente lejos como para poder saberlo ajeno, es decir, que se presentaba lo ajeno simultáneo, confundido y a la vez incomunicado con lo propio. Por eso el gesto de un brazo desconocido podía derribar, sin más ni más, aquellos cinco años surgidos a intermitencias en el aire estancado del local, acerca de cuya entidad parecía tan importante saber algo. Y aunque la persona a quien pertenecía el brazo algo tenía que ver con lo que derribaba, por haber participado de los mismos esquemas de fiesta y de labor, de sueño y de vigilia padecidos por Andrea a lo largo de los cinco inviernos recién pasados, tal consideración resultaba demasiado abstracta para llegar a dar el más mínimo calor, porque aquellos clientes movedizos no solían dar datos que permitieran imaginarlos como personas vivas en otra circunstancia que no fuera la de su estricta permanencia en el local, y nada inclinaba a sentirlos copartícipes de aquel tiempo cuyo exclusivo y terco manoseo empezaba a dar ya en enfermedad.

Fue la preocupación misma ante la frecuencia morbosa del fenómeno lo que contribuyó a irlo tornando menos ciego. Porque al necesitar preguntarse por el sentido de semejantes vanos recuentos, a fuerza de buceos en su propio pensar, vino a comprender Andrea poco a poco que no era una cronología de su vida a lo largo del período vivido en la ciudad lo que andaba buscando. Se trataba más bien, por el contrario, de una voluntad de rechazar las cronologías aceptadas hasta entonces y de rastrear una pista del tiempo menos falaz. Y por este camino llegó a estar clara una cosa: la falta de sincronización entre el lenguaje del reloj o del calendario y el curso real del tiempo, que unas veces anda llevándonos en él y dejándonos habitar los paisajes a que nos asoma, y otras, las más, desconectado de nosotros igual que un tren vacío de cuya llegada a las estaciones llevamos, eso sí, puntual cuenta.

Así resultaba inadmisible aceptar, por ejemplo, que hubiese podido contarse por minutos, como los otros, aquel trozo de vida en el limite de la infancia con la adolescencia, salvado indemne de ese purgatorio adonde van a caer las tardes arrancadas de la edad. Y en el fenómeno de tal resurgir menester era ya detener la atención, como para tratar de descifrar una escritura jeroglífica mirada antes distraídamente.

Cuando el padre, que ahora ya estaba muerto, se levantó y dijo: «Las cuatro y media; me voy a acercar a ese recado y tú espérate, hija, que estarás cansada del madrugón y del trajín de toda la mañana», estaban marcadas, efectivamente, las cuatro y media en un reloj que presidía el gran café bullicioso, «que menudo negocio debía ser y no el bar en el pueblo», y diez minutos habrían pasado a partir de su marcha cuando los novios del asiento de al lado se levantaron también para salir. Andrea no vaciló en imitarlos; desde que se habían sentado allí, atrajeron toda su capacidad de atención, y el pensamiento de que no iba a volver a verlos nunca más se le hizo insoportable.

–Dígale a ese señor, cuando vuelva, que me he ido a dar un paseo y que sé volver a casa de los tíos –le encomendó apresuradamente al camarero–. ¿Se acordará?

–Sí, hija, pero ¿qué señor?

–El que estaba aquí antes, con traje de pana.

Eran las cinco menos cuarto, acababa de cumplir quince años y como regalo venía por primera vez a Madrid, cuyo plano guardaba en el bolsillo junto con cinco pesetas. Pero en cuanto salió a la calle, todas estas referencias se le borraron y no volvió a pensar en el padre ni a preguntar la hora ni a proyectar regreso ninguno hasta que se oscureció completamente el cielo por detrás de los árboles de una plazuela en el parque adonde el rumbo de la pareja que guiaba sus pasos había de depositarla.

Ya aquella noche, en la cama mueble de casa de los tíos, después de haber sufrido una gran reprimenda, al tratar de repasar la tarde con los ojos abiertos en la oscuridad, le parecía a ella misma tan raro como a los demás que hubiese durado tan poco o tal vez tanto, pero aun sin poderla amueblar con acontecimiento alguno, la aceptaba, prestándole el mismo tipo de adhesión y creencia que a aquel cuento manchú del leñador que se pasó trescientos años jugando al ajedrez con unas desconocidas en un claro del bosque y luego volvió al lugar donde estuvo su cabaña, pensando que era aún el mismo día; y así no se sentía precisada a buscar explicaciones de que el tiempo se hubiera gastado como se gastó, ni impulsada a justificar su paso con la atribución de peripecias personales que no habían tenido lugar en absoluto; pero más adelante, al regresar al pueblo, como quiera que su silencio frente a las preguntas que por muchos días le siguieron haciendo sobre su escapatoria diera en interpretarse como ocultación de algún secreto, vino a hacérsele tan pobre el recuerdo de aquellas horas solitarias de paseo, que empezó a imaginarlas albergadoras de una historia cuya gestación le llevó muchas horas; y a medida que se perfilaba, iba ella convirtiéndose en protagonista de aquel secreto que le atribuían. Fue una historia insegura, llena de borradores y de versiones simultáneas, hasta que por fin una tarde se desprendió y vino a ver la luz en la confidencial narración hecha a una amiga, quien al escucharla le dio el espaldarazo de verdad definitiva que añade todo interlocutor como ingrediente indispensable para la cristalización de las historias.

Aun hoy, aquel muchacho de unos veinte años y de pelo negro, tal vez estudiante, a quien había seguido ávidamente por calles y por plazas, sin recibir de él más que algunos fragmentos de risa, de gestos y de voz dirigidos a otra mujer, era –adornado a veces con atributos de novios posteriores– el primer acompañante suyo en la ciudad, y su conversación confidencial, triste y apasionada, mientras miraba junto a ella las copas de los árboles en aquel banco de la invernal glorieta era más real que ninguna de las sostenidas después con muchachos de nombre y apellido; tan real, duradera e inapresable como las mil ramitas de los árboles que se clavaron en el atardecer de aquel día y como los incontables ensueños de cuyas profundidades la despertó el descubrimiento de la hora tardía, ya a solas en aquel mismo lugar, cuando los novios hacía rato que habían desaparecido del banco contiguo.

El tiempo, pues, venía a estar contenido mucho más en las historias deseadas –narradas a uno mismo o a otro– que en lo ocurrido en medio de fechas. En las fechas era donde se cobijaba la mentira. Aquel tiempo pasado en la glorieta –con el muchacho o ella sola o las dos cosas superpuestas– nada tenía que ver con edad ni clasificaciones; nada absolutamente con los esquemas de la madre, la cual decía «el año que reñiste con Manolo», «la primavera en que murió Jesusa», «después de mi pulmonía» o «el invierno en que empezó a venir el primo a comer los domingos», aceptaba la total solidaridad de la fecha con el acontecimiento, como si no pudieran pedirse al tiempo más cuentas que las de su coincidencia con los sucesos que había patrocinado; y aunque también ella en muchas ocasiones hubiese tratado de reconstruir el edificio de su edad apuntalándolo contra semejantes datos, sentía ahora que cualquier referencia anecdótica era un espantapájaros colocado para desorientar de una búsqueda verdadera.

En efecto, decir de un invierno «el invierno en que empezó a venir el primo los domingos» no era definición que arrojase luz ninguna sobre el paso del tiempo entre domingo y domingo, a lo largo de todo aquel invierno ni de los demás en que había seguido viniendo invariablemente y sostenido parecidas conversaciones. Tales hitos dominicales, mantenidos artificialmente, suponían algo quieto, compacto e inoperante, un muro aislador de todas las preguntas que pudieran surgir acerca del estrago y variación de las cosas. Pues de la misma manera, ¿significaba algo tener treinta años y llevar cinco en Madrid? ¿O eran simples guarismos? La necesidad de plagarlo todo de fechas había llegado a convertir el caudal navegable del tiempo en los propios canales que simplemente lo debían contener. Ahí estaba el engaño. Se saltaba de una Navidad a una Semana Santa, y de allí a un verano, y luego los letreros decían «cumpleaños», pero estas fechas, a cuyo haber se cargaba el olvido de todas las demás, eran las responsables del tiempo despreciado, escurrido por entre sus intersticios, del tiempo que nadie sentía como río a navegar.

Por eso, aunque Andrea actualmente podía decir bien alto, y sin que fuera propiamente mentira, «trabajo en una cafetería, salgo a la calle, me pierdo entre la gente, nadie me pide cuentas, me compro trajes y zapatos, no me pudro en un pueblo, les gusto a los chicos, sé un poco de inglés», este resumen solamente se volvía significativo al añadirle secretamente la rúbrica del «soy aquella que soñé», como si la imagen de hoy no fuera verdad más que por estar referida al deseo con que empezó a ser acariciada quince años atrás, en la casual glorieta.

Allí, a aquel cielo que fue propagando sus insensibles variaciones entre las ramas de los árboles hasta la total difuminación de toda luz y dibujo, y a las añoranzas de futuro que tal contemplación produjo en su mente de niña pueblerina, a aquellos últimos rojos de la tarde, alumbradores de anhelos y propósitos, era donde había que retroceder, a ese rescoldo –por fin estaba claro–, a buscar el rostro escondido de los cinco años, transformados más tarde, al ser verdad, en esta cuadrícula de fechas y sucesos que cualquier mediocre y ordenado cronista, sin gran esfuerzo, habría podido fielmente reproducir.

Tarde de tedio

Anda, levántate, habías dicho que esta tarde salíamos contigo si hacía bueno, y ahora Juana nos quiere llevar ella. Dile tú que no; ¿verdad que nos lo has dicho ayer que vamos contigo? Ríñela, que no nos deja entrar y dice que nos va a pegar si entramos, y a Ernesto le ha empujado y está llorando ahí afuera, ¿no le oyes? Venga, ¿por qué te echas?, siempre te estás echando, eres una pesada.

–Jesús, qué niña, eso a la mamá no se le dice, qué pecado. Perdone, señora, no puedo con ellos, se me escapan aquí. Vamos, guapita, a tu mamá le duele la cabeza, Juana os lleva al parque.

–Mentira podrida, no está mala, antes ha estado hablando por teléfono mucho rato y se reía. Es que se cree que llueve porque no ve la luz, te subo la persiana, verás cómo hace bueno, nos llevas a la película de la selva, anda, levántate, esa del oso que le enseña al niño a bailar y luego va y se come los plátanos del cocotero y llora el oso no sé por qué.

–Ésa es la que vieron el domingo conmigo. Deja esa persiana, ¡ay, qué niña!, venga, vamos al parque te he dicho. Esa película ya la habéis visto.

–Sí, pero Ernesto no la entendía y mamá se la explica, ¿verdad, mamá?; a papá le dices que nos lo explicas todo y que te gustan las películas de niños, y él quiere que vengas y nos las expliques, pero si viene Juana sólo sabe reírse y pasarlo bien ella y decir que ése es el oso, pues eso ya, pero digo que por qué lloraba el oso. Mamá, me empuja Juana, que no me empuje.

–Ay, no empecéis, Anita hija, dejadme en paz. Quítate de encima, más valía que te peinaras. Otro día vamos.

–Sí, claro, siempre dices «otro día», pues yo al parque no voy porque me aburro con Marisolín, y si no va, peor.

–Mire, no les haga caso, en ese cajón hay dinero; les lleva a ver la casa de fieras, si se aburren jugando, y luego pueden merendar de cafetería, que les gusta a ellos. Péineles un poco.

–Yo con Juana no voy a la cafetería porque se hace la fina y me da vergüenza.

–Basta, ya estoy harta. Vais con Juana donde ella os lleve y hemos terminado de hablar. ¿Hace bueno, Juana?

–Sí señora, buenísimo.

–Hala, dame un beso, y dile a Ernesto que no llore, que mañana salimos.

–Mentira, mentirosa, no te quiero, ni Ernesto tampoco.

–Cállate, niña, si le dices esas cosas a la mamá te lleva Camuñas. Le cojo cien pesetas. Venga, vamos. Que descanse, señora. ¿Le recojo esta ropa que tiene revuelta por aquí?

–No, déjelo, Juana. Es que me he estado probando antes los trajes de verano, déjelo ahora por favor, tengo que ver primero lo que hace falta llevar al tinte y a la modista, ¡ay, qué pesadez de niños!, lléveselos de una vez que no los oiga, ¡no recoja nada, le digo!, ¿no le estoy diciendo que se vayan de una vez?, cállate, Anita, por amor de Dios, ¡iros!, ¿me queréis dejar en paz? ¡Dejadme en paz!

Aún largo rato después de los últimos ruidos que han precedido a la marcha de los niños (¿un cuarto de hora?, ¿media?), la palabra paz se ha quedado rebotando contra las paredes del cuarto como un moscardón encerrado que insistiera en bordonear principalmente sobre el montón de trajes veraniegos esparcidos por la butaca y la cama. En la media penumbra se distinguen unos de otros como las fisonomías olvidadas de amigos que se vuelven a encontrar. El azul, el de rayas, el pantalón vaquero, el rojo, la blusa que no le gustaba a Antonio... Habrá que hacer algo con ellos, por lo menos con el de rayas que costó tres mil pesetas. La mujer se remueve, mira al techo. La visión de una gotera cuyo dibujo recuerda el de una foca la distrae momentáneamente de la idea de los trajes, luego piensa que así tirada se le puede pasar la tarde y que mejor sería llegarse a casa de la modista por pereza que dé, y decirle las reformas que quiere. Tiene toda la tarde por delante, los niños hasta las siete y media no vienen, y al fin no se va a dormir; tendría que proponérselo mucho, pero el mismo silencio de la casa en paz la ha puesto nerviosa, el mismo hipo de la palabra paz que ella disparó y que se ha quedado subiendo y bajando por las paredes, desbaratando el sueño que parecía preludiar. No, no tiene sueño; los ojos que miran ese techo, pensando ahora que habría que volver a pintarlo, no albergan sueño alguno. Aunque tampoco sosiego; dan vueltas, encerrados en sí mismos, sin saber dónde posarse. Dormir sería, desde luego, una solución, ese vicio rutinario y seguro sería deseo postizo acariciado sin deleite ni alegría, en nombre solamente de objetivos secundarios, como podrían ser en este caso los de dejar de ver el techo y de imaginar el posible pintor que hará sacar todos los trastos al pasillo el día que por fin venga, o dejar de sentir también ese revoltijo acuciante de ropas a los pies de la cama que evidencian un año transcurrido y sugieren proyectos para otro. No, cansada no está, se destapa, mueve las piernas largas y blancas, se las mira complacida, qué lástima que no hubiera la moda de la minifalda por los años cuarenta; nada, es evidente que no tiene ganas de dormir. Pero ¿es que tiene ganas de ir a la modista? Se levanta, por lo menos el de rayas valdría la pena arreglarlo, ha cambiado tanto la moda; lo palpa, lo separa de los otros; sería bueno sacar ganas de llegarse hasta Ríos Rosas, a casa de Vicenta, el autobús 18 no deja mal, probarse el traje en aquella habitación con bibelots pasados de moda que huele a cerrado y dejar eso resuelto esta misma tarde, decidir allí con ella: «Verá usted, lo que yo quiero...», pero es que ataca los nervios Vicenta con su impasibilidad y sus ojos de rana, verla allí detrás en el espejo, de pie, mirándote como un palo, y con aquella voz de sosera: «Pues no le está a usted mal... no, si yo, por deshacérselo, se lo deshago... yo, lo que me diga... bueno, bien... entonces ¿cómo?, ¿con un bies?». No se toma interés por nada, no te ayuda a decidir. Distinto de Carmen, la peluquerita, qué cielo de mujer, es verte entrar y ya te está animando a lo que sea, como tiene que ser, porque un oficio no consiste sólo en saber coser o peinar, es también interpretar lo que quiere el cliente, o hasta hacerle que quiera algo. Se ha puesto el traje de rayas, la tela sigue siendo preciosa, pero está arrugadísimo y así tan blanca no favorece; la cremallera sube, además, con dificultad, sobre todo de cintura para arriba; se palpa el estómago, trata de contraerlo y esto le repercute en la cara, que adquiere una expresión de ansiedad y asco. Se ve horrible y comprende que lo que necesita es consuelo y que Vicenta no le sirve. Se quita el traje y lo deja caer al suelo, va hacia la ventana, la carne que separa el borde inferior del sostén del norte del ombligo se relaja a sus anchas, libre de la mirada vigilante de hace unos segundos. Por la ventana, abierta ahora de par en par, entra el rumor de la tarde soleada y cansina, un eco de bocinas y estridencias y ese primer sofoco de mayo. La palabra paz deja de zumbar definitivamente y se escapa a la calle como un moscardón que era.

A esta luz cruda se revelan netamente los cuarenta años de la mujer que, despeinada y en combinación ante el espejo, se pasa ahora los dedos con desaliento por otra importante zona de su cuerpo donde el tiempo ha hecho estragos: la cabeza, rematada por un pelo no muy abundante y teñido de color perra chica de las que había antes de la guerra. ¿Y si se lo cortara? Se fortalece y, además, rejuvenece mucho. La ventaja que tiene, además, la peluquería es que está tan cerca que no da tiempo a cambiar de idea. Se pone un traje cualquiera y se larga a la calle. Lo ha dejado todo revuelto, pero ya lo recogerá Juana.

Por el camino, aunque la peluquería está cerca, ha tenido tiempo de ver un puesto de periódicos. Desde las portadas de todos los semanarios ilustrados, las veinteañeras del mundo entero, las que estaban naciendo o gestándose en Turín, la Unión Soviética, Oslo o Miami cuando ella tenía, a su vez, veinte años y cantaba canciones que ahora vuelve a traer el vaivén de la moda, la asaetan burlonamente con los ojos lánguidos o sonrientes y sus pelos lisos y largos, con moños, con trenzas, con pelucas, con tirabuzones. Piensa que puede ser una bobada cortarse el pelo, que lo más fácil es que no le guste a Antonio, y vuelven a derrumbarse sus nacientes propósitos. Llega mohína a la peluquería.

–Hombre, cuánto tiempo sin verla. ¿Qué se va a hacer?

–Lavar y marcar; pero no sé si cortarme también un poco. No mucho, como le cortaron el otro día a la señora de Soriano, ¿sabe cómo le digo?, así las puntas de delante un poco más largo, pero que quede liso, aunque no sé qué tal me estaría a mí..., es que no sé qué hacerme con el pelo, Carmen, le digo la verdad.

–Usted no se preocupe que le quedará muy bien, ya le he entendido lo que me dice. Pero además, hágame caso, usted lo que debía de hacer era ponerse mechas, siempre se lo estoy diciendo, le irían de fenómeno unas mechas; ya lo vería.

–¿Usted cree?

–Claro, como que se las voy a poner hoy mismo.

–Hoy no sé, Carmen..., no me decido.

–Ah, pero yo sí, que soy quien se las tiene que poner. Usted quiere verse guapa, ¿no?

–Hombre, claro.

–Pues eso, si quiere verse guapa, no tiene que preocuparse de más. Me deja a mí, que yo la pongo guapa.

–Bueno, luego si se enfada mi marido, la culpa es suya.

–De acuerdo, nos lo manda usted aquí. Pero ¿cómo se va a enfadar un marido de ver a su mujer guapa?

–No sé, ¿no me entretendré mucho?

–Nada, qué se va entretener, déme la chaqueta. Pepi, vete lavando a la señora.

De debajo de todos los secadores se han levantado rostros a mirarla pasar con su melena sucia y rala. Todavía podía irse, decir que vuelve luego, pero sabe que no lo hará. Es un maleficio conocido este de seguir andando, a pesar del miedo que empieza a invadirla al imaginarse tan cambiada, ese miedo excitante a lo desconocido y concretamente al juicio de Antonio. «No sabes qué inventar. Y siempre echándole la culpa a los nervios. Pero nervios ¿de qué, y cansancio de qué?, pregunto yo. Asistenta, chica y los niños en el colegio toda la mañana; la verdad, Isabel, es que no te entiendo, sólo piensas en gastar, con la cantidad de problemas y desgracias de verdad como tiene la gente por ahí, necesitarías mirar a tu alrededor...» Eso dirá; si no le gustan las mechas o viene cansado de la consulta, seguro que saca a relucir lo de las desgracias ajenas y a contarle casos de enfermos graves, como si fuera un cura. ¿Y qué tiene que ver ella con los demás? Sólo se vive una vez y la vida se va, a cada cual se le va la suya. La gente sufre mucho, de acuerdo, pero cada uno sufre lo suyo, sus propias sensaciones y se acabó.

–¿Le hago daño?

–No, guapa.

–Le he puesto champú de huevo.

Qué bien lava la cabeza esta chica, cómo descansa esa presión de los dedos casi infantiles sobre el cuero cabelludo. Es simpática la gente que hace bien lo que hace; ya que lo cobran, que lo hagan bien.

–Ya está, pase allí.

Las señoras de los secadores se vuelven a mirarla pasar con la toalla arrollada a la cabeza y un poco de pelo, todavía color perra chica de las de antes de la guerra, asomando. Luego no la reconocerían; quedará mejor o peor, pero estará distinta. Se desvanecen todas sus indecisiones. Carmen la ha llamado: «Venga acá», y ha atajado una primera insinuación suya con cierta dureza: «Usted déjeme a mí».

Se siente realmente abandonada en sus manos expertas que con toda eficacia y atención empiezan a trabajar y manipular en su cabeza. Era lo que necesitaba esta tarde; buena gana de seguir fingiendo una voluntad que no tiene, si precisamente lo que quería era ser sustituida: buscaba esta sensación de abandonarse a otro que manda, la misma que, de niña, la empujaba a elegir siempre el papel de enfermo cuando jugaban a los médicos; pero de médico bien pocas niñas sabían hacer. Ya tiene el pelo cortado, se ve rara, pero no importa, se fía de Carmen. Ahora se lo va separando en grupitos que humedece cuidadosamente con un pincel untado en un liquido grisáceo. El líquido lo tiene echado en un tarro de yogur. Piensa vagamente que los niños estarán merendando, que lo de las mechas entretiene, y que no van a encontrarla en casa a la vuelta, pero es una idea neutra, sin carga alguna de remordimiento ni de inquietud. Llegar a este lugar es pudrirse en terreno sabido y placentero, aquietar la conciencia, dejar de flotar entre diversas posibilidades, fijar por unas horas esa pompa de aire que es la propia imagen, soplada de acá para allá. Ahora Carmen le pasa un cestito con las pinzas y los rulos, y le pide que se los vaya dando; ella obedece sumisamente; no comentan nada, es suficiente una leve sonrisa de complicidad cuando sus ojos se encuentran en la luna del espejo. Las dos saben de sobra que la que manda es la de atrás. Ahora le pone la redecilla y las orejeras de plástico.

–Ya está. Pase al secador. Pepi, revistas para la señora.

Y ahora, a esperar, pasando revista a los rostros de actualidad, a las modas de actualidad. Cada mes sube y baja la moda vertiginosamente, es tan difícil ya apuntarse a todo, enterarse de todo. La gente que sale en los periódicos ilustrados continuamente se transforma, estrena vida y amor. Con lo apasionantes que son las transformaciones, aunque sean estas transformaciones alquiladas de peluquería. Para ella todo es igual, cenar los sábados con los mismos amigos, dormir con el mismo hombre, reñir a los mismos niños por las mismas cosas; si cambia de algo es de criada o de fontanero. Por mucho que cobren, ¿cómo puede ser caro este rato de alquimia, esta espera de algo nuevo mientras te manipulan, te atienden y dirigen?

–¿Se lo pongo más bajo?

–Sí, me quema mucho. Ya casi debo estar.

–No, no; le falta un poco. ¿Quiere otras revistas? Jacqueline Onassis en todas viene. Escudada tras sus gafas oscuras, desayunando en un puerto y durmiendo en otro, balanceándose sobre las olas del Adriático, en su yate escrutado por el teleobjetivo de todos los fotógrafos del mundo, como la protagonista de aquella canción ya antigua: «Rumbo al Cairo va la dama / en su yate occidental»... Entonces se llamaban mujeres fatales y había menos, casi siempre del cine, prohibidas y lejanas, en papeles que hacían Marlene o Joan Crawford, ¡cómo le emocionaban a ella, cuando iba al Instituto, las mujeres fatales!, pero era una envidia alegre, que no hacía daño... Revueltas de estudiantes en Roma, en París, en Inglaterra. Pero ¿qué pedirán?, ¿qué querrán, teniendo veinte años? Se les ve retratados en revoltijo, tirando piedras, pegando a los guardias, debatiéndose a patadas y mordiscos con el pelo sobre los ojos, tan guapos y atrevidos. Se quejen de lo que se quejen, ¡quién estuviera en su piel!

Sale del secador como si hubiera bebido mucho, enrojecida, con los oídos zumbando. Ha caído la tarde y el local está vacío. Le da pena que no puedan verla las otras señoras. Es el momento mejor. Dejarse quitar los rulos, dejarse peinar, cardar y cepillar, y ver como va componiéndose el rostro nuevo bajo el pelo nuevo. Pone ojos soñadores. Se gusta.

–¿Cómo se ve?

–Me veo rara.

–Eso pasa siempre. Pero no me diga que le están mal las mechas.

–No, mal no.

–¿Más laca?

–No, está bien. ¿Puedo llamar un momento por teléfono?

–Sí, cómo no, pase.

En un cuartito interior donde guardan los pedidos de tintes y de champú, está el teléfono. Se sienta en una banqueta y marca el número. Una voz joven de mujer pronuncia el «Dígame» afectado y musical de las secretarias de ahora. Es la enfermera nueva.

–¿El doctor Cuevas?

–Está ocupado. ¿Es de alguna sociedad o particular?

–Es de parte de su señora.

–Espere un momento. No sé si se podrá poner.

Tiene que esperar un rato, al cabo del cual oye la voz de Antonio.

–Dime.

Es un tono seco y distraído, el de siempre. ¿Por qué esperaba otra cosa? ¿Por haberse puesto unas mechas grises en el pelo?

–¿Qué haces, trabajas mucho?

–Sí, claro. Estoy pasando consulta.

–Ya. ¿A qué hora vuelves a casa?

–Tarde. Hay un parto en el Sanatorio. A cenar no me esperes.

–Ya. ¿No lo puedes dejar?

–¡Qué preguntas, Isabel! ¿Es que pasa algo?

–No, nada, que tenía ganas de salir esta noche. Hace bueno.

–Ya salimos anoche. Yo estoy cansadísimo.

–¿No terminarás pronto?

–¡Cómo lo voy a saber! Me voy al Sanatorio en cuanto acabe aquí.

–Ya. Bueno, pues nada.

–Hasta luego.

–Adiós.

Cuelga el teléfono y sale. Carmen se ha quitado la bata blanca y ha dejado de ser el mago. Es una chiquita insignificante y algo cursi. Le repite que está guapísima con las mechas y le cobra trescientas ochenta pesetas. Se despiden. Ella se vuelve en la puerta.

–No sé si que me venda usted también una redecilla. A lo mejor esta noche no salgo y no querría que se me deshiciera mucho durmiendo.

–Pues sí. Se pone usted unos algodones, en vez de rulos, como le dije la otra vez, y luego la redecilla encima. Se le envuelve y se le da.

–Adiós, Carmen, hasta otro día.

–Adiós, señora Cuevas. Y ya le digo, que nos mande usted a su marido, si protesta, que así le conocemos.

–Ni hablar, que es muy guapo.

–Tal para cual entonces. Ya verá los piropos que le echa.

–Veremos. Adiós, Carmen.

–Adiós, señora Cuevas.

Es todavía de día porque ya anochece tarde. Y está tan cerca de casa. Volver es lo peor. Camina lentamente, perezosamente, parándose a cada paso a mirarse en las lunas de los escaparates. Los niños se estarán bañando. Y Jacqueline Onassis, ¿qué hará? Unos vencejos altos y chillones revolotean por encima de las terrazas de los edificios. Cruza la calle. Ya se ve su portal.

junio 1970

Retirada

Algunas tardes, volver del parque por la calle empinada, a sol depuesto, era como volver de una escaramuza inútil y totalmente exenta de grandeza, a la zaga de un ejército rebelde y descontento que se había alzado alevosamente con el mando, sentir barro y añicos las arengas triunfales. Y en la retirada a cuarteles de aquella tarde de marzo, cuya repetida y engañosa tibieza había vuelto por centésima vez a seducirla y encandilarla, casi odiaba no sólo el estandarte hecho ahora jirones donde ella misma se empeñó en bordar con letras de oro la palabra primavera, sino principalmente a los soldados sumidos, en el caos y la indisciplina para quienes había enarbolado sólo tres horas antes el estandarte aquel. Odiaba, sí, la belleza y el descaro de aquellos dos reclutas provocativos, intrépidos y burlones que la precedían dando saltos de través sobre los adoquines desiguales de la calzada –«imbo-cachimbo-ganso-descanso... piripí-gloria-piripí-descanso... ganso-cachimbo-imbo y afuera»–, abriendo y cerrando las piernas al sol de aquel himno disparatado y jeroglífico, desafiando las leyes del equilibrio y de la gravedad que deben presidir cualquier desfile acompasado, osando ignorar la consistencia de los transeúntes contra los que se tropezaban, aquel insoportable y denso caldo de vocerío y de sudor que emanaban los cuerpos enquistados en plena calle, en plena tarde, tan presentes e insoslayables que su evidencia era una puñalada, por favor, pero ¿cómo no verlos?, era como no ver los coches, las esquinas y paredes, las fruterías que aún no habían echado el cierre, y ahora no, pero luego en seguida tendría que bajar, patatas no quedaron; qué más querría ella que olvidarse de si quedaron o no quedaron patatas, dejar de ver el habitual muestrario de colores, formas y volúmenes que se lo traía a la memoria, pero era imposible que los ojos no se topasen con aquella ristra de imágenes cuyos nombres y olores difícilmente disparaban hacia ningún islote mágico donde pudiese reinar el idioma del «imbo-cachimbo».

–Usted perdone, señora; mirad por dónde vais, hijas... ¡Pero Niní!

Y casi le irritaban más que los ojos reflejando enfado, aquellos otros sonrientes y benignos que hasta podían llegar a acompañar la sonrisa con una caricia condescendiente sobre las cabezas rubias de los dos soldaditos por el hecho de serlo; ¡qué beaterio estúpido!, ella había abjurado por completo de semejantes sensiblerías patrioteras y la actitud de aquella gente le traía a las mientes el entusiasmo con que emprendió la expedición y embelleció ella también los rostros de los soldados, su perfil, su ademán, «impasible el ademán», bajo el sol de primavera, calle abajo cara al sol, sí, hasta música de himno se le podía poner al comienzo marcial del desfile que inauguró la tarde, y ahora aquellas gentes paradas en la acera que los miraban volver conseguían echarle en cara su apostasía. Porque la verdad es que ya no tenía credo, que le parecían patraña las consignas que animaron su paso y su talante al frente de la tropa calle abajo total tres horas antes, no parecía ni la misma calle, ni la misma tarde ni el mismo ejército, en nada era posible adivinar punta de semejanza; pero sobre todo, ¿dónde habían ido a parar las consignas y la fe en ellas, dónde estaba la música del himno? La primavera era una palabra sobada, un nombre con *pe* lo mismo que patata, que portal, lo mismo que peseta y que perdón señora, un nombre como esos, que nada tenía que ver con la ninfa coronada de flores del cuadro de Boticelli; la moral falla a veces, mejor reconocerlo y confesar que la tentación de herejía venía incubándose en su sangre casi desde que entraron en el parque y el ejército se desmandó campando por sus fueros y respetos, desde que vio a los otros jefes cotilleando al sol inmersos en la rutina de sus retaguardias, desde aquel mismo momento le empezó a bullir el prurito de la retirada, aun cuando consiguiera todavía mantenerlo a raya bajo el imperio del himno, a base de echarle leña a aquel fuego retórico que la convertía a ella en un capitán distinto de los demás, esforzado, amante del riesgo, inasequible al desaliento, engañosas consignas, bien a la vista estaba ahora que la retirada era patente, de inasequible nada, un puro desaliento era este capitán. Precisamente poco antes de abandonar definitivamente el puesto, en una tregua de las escaramuzas, hurgando en su imaginación, que ya desfallecía, a la busca y captura de recursos, vino a proponerles de pronto a los soldaditos suyos y a otros que habían venido a unírseles de otras filas, que en vez de efectuar aquellas consabidas maniobras de acarreo de arena, fingieran otro tipo de acarreo, de nombres, por ejemplo, que es ficción bien antigua, sustituir un menester por otro, la tierra por los nombres, palabra en vez de tierra, que todo es acarreo al fin y al cabo.

–¿Jugamos a los nombres?

–Bueno, sí. Pero estos niños no saben.

–Sí sabemos, te crees que somos tontos.

–Tontos y tontainas y tontirrí.

Amagaban con reanudar la escaramuza inútil, enarbolaban puñados de arena polvorienta.

–Venga, elegid la letra. No riñáis. «De la Habana ha venido un barco cargado de...»

Y se aburrieron pronto, volvieron enseguida a la espantada, a las hostilidades y a la indisciplina. Pero duró un ratito aquella última prueba de concordia. Quisieron con la *de*. Y había sido horrible, porque cuantas palabras como cuervos oscuros y agoreros anidaban con *de* en su corazón, al acecho, dispuestas a saltar. Tenía que hacer esfuerzos inauditos para decir dedal, dulzura o dalia al tocarle a ella el turno, las que se le ocurrían de verdad eran desintegrar, derrota, desaliento, desorden, duda, destrucción, derrumbar, deterioro, dolor y desconcierto; eran una bandada de demonios o duendes o dragones –siempre la *de*– confabulados en torno suyo para desenmascararla y deprimirla –también con *de* todo con *de*–. Pues bien, ¡fuera caretas!, ahora ya de regreso, cuesta arriba, ¿a quién iba a engañar?, mejor reconocerlo: estaba presidida por el cuervo gigante y conductor de la bandada aquella, el de la deserción, mejor era dejarse arrastrar por su vuelo atrayente y terrible, conocer el abismo, apurar la herejía hasta las heces. Se sentía traidora, empecatada, sí, ganas tenía de hundirse para siempre en uno de aquellos sumideros oscuros que le brindaban al pasar sórdidas fauces oliendo a lejía, a berza, a pis de gato, guardia y escondrijo de cucarachas viles como ella; se quedaría allí quieta por tiempo indefinido en el portal más lóbrego, oculta en sus repliegues, vomitando y llorando sin que nadie la viera sobre un sucio estandarte hecho jirones.

Y hubiera, por supuesto, pasado inadvertida su deserción, la vuelta a la caverna que el cuerpo le pedía con apremio: durante un largo trecho, los soldados habrían continuado avanzando calle adelante al son de sus cantos cifrados, alimentando a expensas de su mero existir aquella irregular y empecinada guerrilla que los erigía en dioses arbitrarios y sin designio, en individuos fuera de la ley. Ni siquiera se dignaban volverse a mirar a aquel remedo de capitán zaguero y vergonzante; ignoraban, tanta era su ingravidez, que eran ahora ellos quienes tiraban como de un carro vencido de aquel arrogante jefe, ignoraban la transformación que lo había traído a ser cenizas, el quiebro que había dado su voz, el desmayo en su andar, la sombra en sus pupilas; el poder de ellos residía en que cantaban victoria sin saberlo, gustaban de su anárquica victoria ignorando el sabor de la palabra misma, la letra de su himno decía «imbo-cachimbo» no «victoria». Victoria se llamaba la portera, una de aquellas manchas movedizas que se veían ya a lo lejos, pasada la primera bocacalle, Victoria lo dirían al llegar: «Ya venimos Victoria, cara de zanahoria»; «imbo-cachimbo» era un galimatías afín a las burbujas de su sangre, a su pirueta absurda, improvisada. A caballo del «imbo-cachimbo» podían llegar a perderse por la ciudad y salir hasta el campo anochecido, sin echar de menos a capitán, maestro o padre alguno, montarse en el trineo de la reina de las nieves y amanecer en un país glacial sin saber ni siquiera dónde estaban ni quién les había echado encima un abrigo de piel de foca o de oso polar, todo lo aceptaban y lo ignoraban todo excepto el ritmo desafiante de su cuerpo. Iban, con el incubarse de la noche, hacia un terreno irreal y al mismo tiempo nítido que a ella le producía escalofrío y que a duras penas se negaba a admitir, país donde dormían las culebras y abejas de la propia infancia y que apenas en intuición sesgada e inquietante osaba contemplar de refilón, indescriptible reino de luz y de tormenta donde el lenguaje cifrado empieza a proliferar subterráneamente hasta hacer estallar la corteza de la tierra y llenar el mundo de selvas, ella bien lo sabía, avanzaba con miedo detrás de sus soldados; no se encaminaban a casa, no, por la cuesta arriba, hacían como que iban allí, pero no. «Ya venimos Victoria, cara de zanahoria» sería abracadabra, santo y seña capaz de franquearles acceso a ese otro reino y en él se instalarían después de remolonear un poco y de tomarse la cena a regañadientes, en cuanto ella se metiera en la cocina a recoger los cacharros sucios y a esperar la llegada de Eugenio que vendría cansado y sin ganas de escuchar estos relatos del parque –«Mujer, es que todos los días me cuentas lo mismo, que las niñas te aburren»–, en cuanto les oyeran ponerse a discutir a ellos y las estrellas se encendieran ya descaradamente, los soldaditos estos que aún fingía ahora capitanear entrarían por la puerta grande de la noche a ese reino triunfal, diabólicos fulgurantes, espabilados, alimentándose de la muerte que, sin sospecharlo, promovían y escarbaban en ella, crueles e insolentes.

–Cuidado, Celia, no os salgáis de la acera.

Celia era el soldado mayor, el más avieso e intrépido, el más bello también. Y se volvió unos instantes a mirarla sacudiendo los rizos rubios que coronaban aquel cuello incapaz de cerviz, la fulminó con sus ojos seguros; pasaban junto al puesto de tebeos.

–Yo quiero un pirulí y Niní quiere otro.

Y el soldado menor asentía, después de un conciliábulo al oído.

–Nada, os digo que no, nada de pirulís que os quitan la gana. Venga, vamos, se hace tarde.

Pero se habían parado los reclutas aquellos con los ojos de acero y las manos al cinto, prestos a disparar invisibles revólveres, y ella ya echaba mano al monedero, les daba las monedas.

Arrancan a correr chupando el pirulí, sin mirar a los coches; ya están en el portal, ya se han metido. Victoria caradezanahoria ha tenido apenas tiempo de acariciarles al pasar la cabeza, pero ha sido bastante, bajo el espaldarazo de la victoria van. El cielo está muy blanco, a punto de tiznarse con las primeras sombras. Ya llega ella también.

–Buenas tardes señora. Vaya tiempo tan bueno que tenemos.

Ha bajado los ojos. Voz de capa caída, de acidia y de derrota ya pura y sin ambages es la que, como remate a la expedición de esa tarde, hace un último esfuerzo para pronunciar apagadamente la salutación vespertina de la retirada:

–Buenas noches, Victoria.

Madrid, octubre de 1974

Obras de Carmen Martín Gaite
publicadas en Ediciones Siruela

LIBROS DEL TIEMPO